AF618483

Dr. Abbas Samhat

Das Anwartschaftsrecht des Vorbehaltskäufers bei Rücktrittsmöglichkeit des Vorbehaltsverkäufers

Nomos

Die Deutsche Nationalbibliothek verzeichnet diese Publikation in der Deutschen Nationalbibliografie; detaillierte bibliografische Daten sind im Internet über http://dnb.d-nb.de abrufbar.

ISBN 978-3-8487-0971-7

1. Auflage 2013

Für Elias Samhat

Vorwort

In diesem Beitrag hinterfrage ich die allgemein vertretene These, das Anwartschaftsrecht des Vorbehaltskäufers erlösche nicht bereits mit der Rücktrittsmöglichkeit des Verkäufers, sondern erst, wenn der Rücktritt erfolge. Die Abhandlung ist die stark erweiterte und vertiefte Fassung meines Vortrags, den ich Anfang 2012 in meiner mündlichen Doktorprüfung an der Freien Universität Berlin gehalten habe. Der Vorsitzende der Promotionskommission war mein verehrter Doktorvater, Univ.-Prof. Dr. Martin Schwab, dem ich an dieser Stelle sehr herzlich danke für seine Rückmeldung zu dieser Studie und seine vielseitige Unterstützung während meines akademischen Weges. Er hat mich (oft unbewusst) ermutigt, auch den Gedanken Raum zu geben, die nicht auf Anhieb in das ‚gängige Schema' passen. Dass sich unsere Wege kreuzten, erfüllt mich mit nachhaltiger Dankbarkeit.

Ich bin auch den folgenden Personen sehr verbunden: Der kurze Gedankenaustausch mit Herrn Univ.-Prof. a.D. Dr. Detlef Leenen führte zu mehr Präzision der Abhandlung. Mein Freund, Richter Dr. Thomas Kühn, und Frau VRiLG a.D. Cora-Beate Schaumann haben große Teile des Manuskripts gelesen und wertvolle Verbesserungsvorschläge eingebracht. Damit geht freilich nicht einher, dass die genannten Personen allen Thesen dieser Arbeit zustimmen; die wissenschaftliche Verantwortung trage allein ich.

Herrn Rechtsanwalt Dr. Stefan Grote vom Nomos Verlag danke ich für die unkomplizierte Aufnahme dieser kleinen Studie in das Verlagsprogramm und für die sehr angenehme Zusammenarbeit.

Für den nichtjuristischen Ausgleich sorgten meine Freunde, Geschwister, Mutter, meine Frau Linda und vor allem mein zweijähriger Sohn Elias, der mich oft aus dem Arbeitszimmer zerrte, um mit mir Fußball oder Basketball zu spielen. Sie alle sorgen dafür, dass ich meine Tage mit Leben fülle und nicht mein Leben mit Tagen (angelehnt an Richard David Precht, Wer bin ich und wenn ja, wie viele?, S. 377).

Berlin, im Oktober 2013 — Abbas Samhat

Inhaltsverzeichnis

A. Einleitung

Zum Anwartschaftsrecht des Vorbehaltskäufers ist schon sehr viel geschrieben worden, dennoch bestehen Fragen, die noch nicht oder noch nicht hinreichend beantwortet sind. In der Rechtswissenschaft sind nahezu alle Fragen zum Anwartschaftsrecht des Vorbehaltskäufers umstritten. Das betrifft sowohl die rechtliche Existenz, die vereinzelt bezweifelt wird, weil für eine solche Rechtsfortbildung keine Notwendigkeit gesehen wird[1], als auch Einzelaussagen zur rechtlichen Struktur, wie zum Beispiel, ob das Anwartschaftsrecht ein dingliches Recht darstellt[2], ob es gutgläubig erworben werden kann[3], ob es ein die Veräußerung hinderndes Recht nach § 771 ZPO[4] ist.

I. Gegenstand der Untersuchung

Solche Einzelfragen zum Anwartschaftsrecht des Vorbehaltskäufers zu begutachten, ist nicht Gegenstand dieser Untersuchung. Vielmehr geht die Abhandlung der Frage nach, wie sich die einseitige Lossagungs*möglichkeit* des Vorbehaltsverkäufers auf das Anwartschaftsrecht des Vorbehaltskäufers auswirkt, wenn man insoweit von der herrschenden Anwartschaftsrechtsdefinition ausgeht. Im Mittelpunkt des Interesses steht dabei die Rücktritts*moglichkeit* des Vorbehaltsverkäufers, die in der sogenannten ‚Schwebesituation' besteht – dem Zeitraum zwischen dem erfolglosen Ablauf der Nachfrist gemäß § 323 Abs. 1 BGB und der wirksamen Rücktrittsausübung. Dieser Zeitraum ist gemeint, wenn in dieser Schrift von

---

1 Siehe etwa *Marotzke*, Das Anwartschaftsrecht, 134 ff.; jüngst auch *Mülbert* AcP (202) 2002, 912, 935.

2 Siehe *Brehm/Berger*, Sachenrecht, § 31 Rn. 8; Staudinger/*Beckmann*, § 449 Rn. 62 f.; *Weber*, Sachenrecht I, § 14 Rn. 3; zur geschichtlichen Entwicklung HKK/*Finkenauer*, Band I, §§ 158–163 Rn. 21 f.

3 Zum Problem *Baur/Stürner*, Sachenrecht, § 59 Rn. 38 ff.; Staudinger/*Beckmann*, § 449 Rn. 75 ff.; *Weber*, Sachenrecht I, § 14 Rn. 20 ff.

4 Dazu *Brehm/Berger*, Sachenrecht, § 31 Rn. 15; *Medicus/Petersen*, Bürgerliches Recht, Rn. 466; Staudinger/*Beckmann*, § 449 Rn. 84 ff.

Schwebesituation die Rede ist, nicht die Schwebezeit von der Begründung des Anwartschaftsrechts bis zum Bedingungseintritt.

Gegenstand der Untersuchung ist das Anwartschaftsrecht des Vorbehaltskäufers.[5] Nicht erörtert werden die anderen mannigfachen und nicht weniger streitigen Erscheinungsformen des Anwartschaftsrechts.[6]

II. Relevanz der Fragestellung

Es wird sich zeigen, dass die einhellige Ansicht angreifbar ist, nach der das Anwartschaftsrecht des Vorbehaltskäufers nicht bereits mit der Rücktritts*möglichkeit* des Vorbehaltsverkäufers erlösche, sondern erst mit der Ausübung des Rücktritts. Dieser Standpunkt wird hinterfragt, weil er eine methodische Unstimmigkeit zurücklässt. Dass das Anwartschaftsrecht ein ‚Produkt' der Rechtsfortbildung ist, macht eine kritische Analyse dieser Position nicht entbehrlich. Es ist nämlich eine fortwährende Aufgabe der Rechtswissenschaft und Judikatur,

> „eine rechtsfortbildend gefundene Lösung so gut es geht im geltenden Rechtssystem und in seiner Dogmatik zu verankern und in den Einzelheiten, besonders im Hinblick auf die Rechtsfortbildung, weiter auszubauen."[7]

Dieser Aufgabe ist die vorliegende Studie aus zwei Gründen verpflichtet. Zum einen hat das Anwartschaftsrecht des Vorbehaltskäufers eine bedeutende Stellung im Rechtsverkehr. *Flume* formulierte bereits im Jahre 1962:

---

5 Während einige die Begriffe ‚Anwartschaftsrecht' und ‚Anwartschaft' gleichbedeutend verwenden (*Baur/Stürner*, Sachenrecht, § 3 Rn. 44), unterscheiden andere zwischen ihnen, vgl. nur *Bork*, BGB AT, § 29 Rn. 1281: bei Möglichkeit des Veräußerers, die Vollendung des Rechtserwerbs einseitig zu verhindern, liege nur eine Anwartschaft vor, bei der es sich jedoch nicht um ein besonderes Recht handele; ähnlich *Schreiber* Jura 2001, 623, 624.

6 Überblick zu den anderen Anwartschaftsrechten (jeweils m.w.N.) *Medicus/Petersen*, Bürgerliches Recht, Rn. 457 ff.; *Weber*, Sachenrecht I, § 14 Rn. 6 ff. Eingehend zum immaterialgüterrechtlichen Anwartschaftsrecht *Hofmann*, Anwartschaftsrechte, 155 ff.

7 *Westermann/Gursky/Eickmann*, Sachenrecht, § 4 Rn. 9; siehe auch BGHZ 20, 88, 94 = NJW 1956, 665, 666. So weist *Serick* AcP 166 (1966), 129, 132, im Zusammenhang mit der Frage, ob das Anwartschaftsrecht ein dingliches Recht darstelle, darauf hin, dass die Dogmatik eine präzise Antwort auf diese Frage nicht schuldig bleiben dürfe.

„Wenn der Vorbehaltskauf nur vereinzelt vorkäme, brauchte man sich über ihn keine besonderen Gedanken zu machen, sondern könnte ihn einfach den allgemeinen Regeln des Bedingungsrechts überlassen. Insbesondere wäre es nicht notwendig, daß die Rechtsposition des Vorbehaltskäufers ein verkehrsfähiges Gut ist."[8]

Zum anderen ist die konkrete Frage sehr praxisrelevant, wie sich die Rücktrittsmöglichkeit des Vorbehaltsverkäufers auf das Anwartschaftsrecht des Vorbehaltskäufers auswirkt. Das zeigt das folgende Beispiel:

Ein Bauunternehmer (B) erwirbt von einem gewerblichen Verkäufer (V) einen Bagger zum Preis von 200.000 Euro unter Eigentumsvorbehalt. Die Parteien vereinbaren eine monatliche Ratenzahlung von 3.000 Euro. Einige Zeit später nimmt B bei einer Bank ein Darlehen in Höhe von 180.000 Euro und überträgt der Bank zur Sicherheit sein Anwartschaftsrecht am Bagger. Einige Monate später kommt B in Zahlungsschwierigkeiten und kann die Monatsraten an V nicht mehr bezahlen. V setzt dem B eine vierwöchige Zahlungsfrist gemäß § 323 Abs. 1 BGB. Die Frist läuft erfolglos ab. V lässt sich für sein weiteres Vorgehen Zeit, weil er eine überlegte Entscheidung treffen möchte.

Dieses einfache Fallbeispiel wirft die Frage auf, ob das Anwartschaftsrecht des Vorbehaltskäufers nach Ablauf der Zahlungsfrist noch anerkannt werden kann, was angesichts der Rücktrittsmöglichkeit des Vorbehaltsverkäufers zweifelhaft erscheint. Es zeigt zudem, dass die Frage nicht nur das Verhältnis zwischen dem Vorbehaltskäufer und dem Vorbehaltsverkäufer betrifft, sondern auch schutzwürdige Interessen Dritter berühren kann; im Beispiel ist es das Interesse der Bank, die ihr gewährte Sicherheit (Anwartschaftsrecht am Bagger) nicht zu verlieren. Es finden sich noch viele Beispiele, die die praktische Bedeutung des Themas verdeutlichen.[9]

III. Hinweise zu den Begrifflichkeiten

Der Text benutzt im Folgenden die Begriffe ‚Käufer' und ‚Verkäufer' und meint damit, soweit nichts anderes angegeben, den Vorbehaltskäufer und den Vorbehaltsverkäufer eines Kaufs unter Eigentumsvorbehalt. Soweit nur der Begriff Anwartschaftsrecht verwendet wird, ist stets das Anwartschaftsrecht des Vorbehaltskäufers gemeint.

---

8 *Flume* AcP 161 (1962), 385, 387.

9 Siehe unten F. I. 1.

B. Die herrschende Anwartschaftsrechtsdefinition

Der Ausgangspunkt der folgenden Gedanken ist die herrschende Anwartschaftsrechtsdefinition. Ein Anwartschaftsrecht des Erwerbers wird angenommen, wenn von einem mehrstufigen Erwerbstatbestand eines Rechts schon so viele Erfordernisse erfüllt sind, dass der Veräußerer die gesicherte Rechtsposition des Erwerbers nicht mehr durch einseitige Erklärung zerstören kann.[10] Vereinzelt wird auch ein von der genannten Definition abweichendes Verständnis des Anwartschaftsrechts befürwortet. Es wird vertreten, die einseitige Unentziehbarkeit der Position sei kein Wesensmerkmal des Anwartschaftsrechts.[11]

Die Anforderungen an den Sicherheitsgrad der Erwerbsposition können bei den unterschiedlichen Anwartschaftsrechten variieren.[12] Ein Anwartschaftsrecht des Vorbehaltskäufers wird häufig nur dann anerkannt, wenn der Käufer die Bedingung unabhängig von einem Verhalten des Verkäufers herbeiführen kann. Im Schrifttum finden sich folgende Formulierungen: kein Anwartschaftsrecht, „wenn der Bedingungseintritt noch von einem Verhalten des Veräußerers abhängt“[13]; „Ob der Käufer Eigentum erwerben wird, liegt ganz in seiner Hand“[14]; „der Erwerb des Vollrechts [hängt] nur noch vom Willen des Erwerbers [ab]“[15]; „Allein das Verhalten des Käufers entscheidet darüber, ob es zum Eigentumsübergang kommt

---

10 BGHZ 27, 360, 368 (= NJW 1958, 1286, 1288); *Bork*, BGB AT, § 29 Rn. 1281; Palandt/*Ellenberger*, 72. Aufl. 2013, Einf § 158 Rn. 9; Staudinger/*Beckmann*, § 449 Rn. 61; *Weber*, Sachenrecht I, § 14 Rn. 1.

11 Siehe *Bernhardt*, Lehrbuch des Patentrechts, § 14 S. 76. *Hofmann*, Anwartschaftsrechte, 145 ff., 298, geht bei der Annahme eines Anwartschaftsrechts wertend vor und betont dabei, dass die einseitige Lossagungsmöglichkeit des Veräußerers nicht der einzige Maßstab sei, vielmehr fließe dieser Aspekt in die Interessenabwägung ein.

12 Siehe *Medicus/Petersen*, Bürgerliches Recht, Rn. 456.

13 *Bork*, BGB AT, § 29 Rn. 1281.

14 *Brehm/Berger*, Sachenrecht, § 31 Rn. 5.

15 *Habersack*, Sachenrecht, Rn. 54; ähnlich *Vieweg/Werner*, Sachenrecht, § 11 Rn. 34 (Vollendung des Erwerbs hänge nur noch vom Verhalten des Erwerbers selbst ab).

oder nicht."[16]; „Eigentumserwerb ist nur noch von der Restkaufpreiszahlung abhängig"[17].

Demgegenüber wird jenseits des Anwartschaftsrechts des Vorbehaltskäufers für die Annahme einer ‚gesicherten Erwerbsposition' nicht immer gefordert, dass der Erwerber den Bedingungseintritt einseitig herbeiführen kann. Allerdings besteht weitgehend Einigkeit darüber, dass eine solche Position nur dann vorliegt, wenn der Veräußerer die Position des Erwerbers nicht durch einseitige Erklärung beseitigen kann. So nimmt der *BGH*[18] beim Grundstückserwerb ein Anwartschaftsrecht des Auflassungsempfängers dann an, wenn neben einer *bindenden Auflassung*[19] ein *Antrag des Erwerbers auf Grundbucheintragung* vorliegt *und/oder*[20] eine *Auflassungsvormerkung*[21] im Grundbuch eingetragen ist. Demnach genügt zur Begründung eines Anwartschaftsrechts des Auflassungsempfängers nicht, dass der Veräußerer den Grundbucheintragungsantrag stellt. Diesen könnte er nämlich gemäß § 31 GBO zurücknehmen und damit den Vollzug der für den Eigentumserwerb erforderlichen Grundbucheintragung verhindern. Demgegenüber hat der Veräußerer nicht das Recht, den Eintragungsantrag des Erwerbers zurückzunehmen. Der Erwerber erlangt wegen der §§ 878

---

16 *Schreiber*, Sachenrecht, 181 Rn. 327.

17 *Weber*, Sachenrecht I, § 12 Rn. 83.

18 BGHZ 49, 197, 202 (= NJW 1968, 493, 494). Gefolgt von vielen in der Lehre: *Baur/Stürner*, Sachenrecht, § 19 Rn. 15; *Brehm/Berger*, Sachenrecht, § 14 Rn. 18; Palandt/*Bassenge*, 72. Aufl. 2013, 925 Rn. 24; *Weber*, Sachenrecht I, § 14 Rn. 6. Gegen ein Anwartschaftsrecht des Auflassungsempfängers etwa *Habersack*, Sachenrecht, Rn. 299 ff.; *ders.* JuS 2000, 1145 ff.; *Medicus/Petersen*, Bürgerliches Recht, Rn. 469; *Neuner*, Sachenrecht, Rn. 493; *Wilhelm*, Sachenrecht, Rn. 2331 f.

19 Vereinzelt wird bereits ab bindender Auflassung ein Anwartschaftsrecht des Auflassungsempfängers angenommen, so *Reinicke/Tiedtke* NJW 1982, 2281, 2285 f., vgl. zur Bindungswirkung der Auflassung S. 2282; kritisch dazu nicht nur *Medicus/Petersen*, Bürgerliches Recht, Rn. 469.

20 Verbreitet werden der Eintragungsantrag des Erwerbers und die eingetragene Vormerkung ‚nur' alternativ gefordert, vgl. *BGH* NJW 1989, 1093, 1094; *Baur/Stürner*, Sachenrecht, § 19 Rn. 15; *Brehm/Berger*, Sachenrecht, § 31 Rn. 18; Palandt/*Bassenge*, 72. Aufl. 2013, § 925 Rn. 24 f.; kritisch dazu *Habersack* JuS 2000, 1145, 1147 f. (Schutz gehe allein von der Vormerkung aus, Annahme eines Anwartschaftsrechts bringe keinen zusätzlichen Nutzen), *Medicus/Petersen*, Bürgerliches Recht, Rn. 469; *Wilhelm*, Sachenrecht, Rn. 2331 ff.

21 Eine Vormerkung ohne Auflassung genügt nicht, um ein Anwartschaftsrecht zu begründen, vgl. nur *BGH* NJW 1984, 973, 974, Palandt/*Bassenge*, 72. Aufl. 2013, § 925, Rn. 25. Der Vormerkungsinhaber ist vor nachteiligen Verfügungen gemäß §§ 883, 888 BGB geschützt.

BGB, 17 GBO eine starke Erwerbsposition, die der Veräußerer praktisch nicht einseitig beseitigen kann. Dass der Erwerber den Bedingungseintritt (also die Grundbucheintragung)[22] nicht selbst herbeiführen kann, soll kein Hindernis für die Annahme eines Anwartschaftsrechts des Auflassungsempfängers darstellen. Auch nicht, dass eine Restunsicherheit für den Eigentumserwerb besteht, weil es nicht ausgeschlossen ist, dass das Grundbuchamt den Eintragungsantrag des Erwerbers zurückweist[23] oder einen später gestellten Antrag entgegen der Vorgabe des § 17 GBO[24] vorzieht.

Nach allen Ansichten ist ein Anwartschaftsrecht jedenfalls dann zu verneinen, wenn der Veräußerer die Rechtsposition des Erwerbers durch einseitige Erklärung vernichten kann. Dies bringt die genannte Definition deutlich zum Ausdruck.

---

22 Die Grundstücksauflassung unter der Bedingung vollständiger Kaufpreiszahlung ist – anders als die bedingte Übereignung einer beweglichen Sache nach §§ 929 ff. BGB – unzulässig, vgl. § 925 Abs. 2 BGB.

23 Mit der Zurückweisung erlischt das Anwartschaftsrecht des Erwerbers, *BGH*, NJW 1966, 1019, 1020; Palandt/*Bassenge*, 72. Aufl. 2013, § 925, Rn. 24.

24 *BGH*, NJW 1968, 493, 494, Palandt/*Bassenge*, 72. Aufl. 2013, § 925, Rn. 24.

C. Überblick zum Anwartschaftsrecht des Käufers

I. Rechtsfortbildung

Im BGB findet sich keine Regelung zum Anwartschaftsrecht. Dies gilt auch für § 449 BGB, der ausschließlich den Eigentumsvorbehalt normiert. Allerdings kannte der BGB-Gesetzgeber eine vermögenswerte Anwartschaft im Kontext der Vererbung eines bedingten Rechts.[25] Von einer Gesetzesregelung sah man unter anderem deshalb ab, weil der Ausdruck „bedingtes Recht" als „nicht einwandfrei" angesehen wurde.[26] Die rechtlichen Voraussetzungen und die Rechtsqualität einer solchen Vermögensposition festzulegen und weiterzuentwickeln, blieben dann der Rechtsprechung und der Rechtswissenschaft überlassen.[27] Davon ausgehend wird hervorgehoben, dass für die gewohnheitsrechtliche Anerkennung des Anwartschaftsrechts nicht nur wirtschaftliche Gründe[28] sprechen, sondern auch der in den Materialien zum Ausdruck kommende Wille des Gesetzgebers.[29]

---

25 Vgl. Motive I, S. 256 sowie S. 261; Mugdan I, § 132 S. 763; Protokolle I, § 132 S. 181; siehe auch *Serick*, Eigentumsvorbehalt und Sicherungsübereignung, Band I, S. 242.

26 Siehe Mugdan I, § 132 S. 763; Protokolle I, § 132 S. 181.

27 Etwa HKK/*Finkenauer*, §§ 158–163 Rn. 20; *Füller*, Sachenrecht, S. 519.

28 Zur wirtschaftlichen Bedeutung *Brox* JuS 1984, 657; HKK/*Finkenauer*, §§ 158-163 Rn. 21 f.; *Weber*, Sachenrecht I, § 4 Rn. 16 f. Darauf wies die Rechtsprechung früh hin, so etwa RGZ 140, 223, 229 (Urteil v. 4.4.1933 – VII 21/33): dies bedeutet „ein weitgehendes Entgegenkommen gegenüber den Bedürfnissen des geschäftlichen Verkehrs.".

29 So *Füller*, Sachenrecht, 519, der insoweit eine Parallele zur Sicherungsübereignung sieht und eine Rechtsfortbildung im herkömmlichen Sinne bezweifelt. Dass hier dennoch eine Rechtfortbildung angenommen werden kann, zeigen nicht nur die Ausführungen von *Larenz/Canaris*, Methodenlehre, S. 233 ff.

II. Der einfache Eigentumsvorbehalt nach § 449 Abs. 1 BGB

Der ‚einfache'[30] Eigentumsvorbehalt kommt kraft ausdrücklicher oder konkludenter Parteivereinbarung zustande und setzt sich meistens aus einer schuld- und einer sachenrechtlichen Komponente zusammen.[31]

1. Der schuldrechtliche Eigentumsvorbehalt

Der schuldrechtliche Eigentumsvorbehalt wird im unbedingten Kaufvertrag vereinbart. Die Zahlungspflicht des Käufers aus Kaufvertrag gemäß § 433 Abs. 2 BGB wird gestundet (meist in einer Ratenzahlungsvereinbarung). Der Verkäufer bleibt zur Übergabe und Übereignung der Sache verpflichtet, wobei im Kaufvertrag eine Pflicht zur Übereignung unter der Bedingung vollständiger Kaufpreiszahlung aufgenommen wird.

2. Der sachenrechtliche Eigentumsvorbehalt

Auch der sachenrechtliche Eigentumsvorbehalt wird rechtsgeschäftlich begründet. Der Käufer erhält vom Verkäufer an der Kaufsache in der Regel den unmittelbaren Besitz und das Eigentum unter der Bedingung vollständiger Kaufpreiszahlung. Die dingliche Einigung wird nicht erst mit Bedingungseintritt wirksam[32], sondern sofort; sie entfaltet aber erst mit Bedingungseintritt ihre Wirkung (Übergang des Volleigentums *ex nunc*).[33]

Nach gängiger Ansicht erfolgt die bedingte Übereignung nach den §§ 929 S. 1, 158 Abs. 1 BGB. Vorzugswürdig erscheint, eine bedingte Übereignung nach §§ 929 S. 1, 930 analog, 158 Abs. 1 BGB anzunehmen.[34] Die Übergabevoraussetzungen des § 929 S. 1 BGB liegen nicht

---

30 Ausführlich zu den anderen Formen des Eigentumsvorbehalts *Weber*, Sachenrecht I, § 12 Rn. 98 ff.

31 Statt vieler *Looschelders*, Schuldrecht BT, Rn. 204 ff.; *Weber*, Sachenrecht I, § 12 Rn. 8 ff.

32 So jedoch eine verbreitete Ansicht, vgl. etwa *Faust*, BGB AT, § 7 Rn. 2; *Leible/Sosnitza* JuS 2001, 341; *Weber*, Sachenrecht I, § 12 Rn. 10.

33 Zutreffend *Leenen*, BGB AT, § 10 Rn. 23 m.w.N.

34 Richtig MünchKomm-*Oechsler*, § 929 Rn. 19 a. E.

vor, wenn der Veräußerer den mittelbaren Besitz behält.[35] Eben dies ist beim Eigentumsvorbehalt der Fall, weil der Verkäufer aufgrund des Vorbehaltskaufvertrages[36] mittelbarer Besitzer der Sache bleibt, während der Käufer unmittelbarer Fremdbesitzer wird.[37] Allerdings passt auch § 930 BGB nicht direkt, weil er den Fall regelt, dass der Veräußerer (meist) unmittelbarer Besitzer bleibt und der Erwerber mittelbarer Besitzer wird. Beim Eigentumsvorbehalt werden die Besitzverhältnisse genau umgekehrt konstruiert, der Käufer wird unmittelbarer, der Verkäufer mittelbarer Besitzer. Da § 930 BGB den einzigen Fall im Rahmen der §§ 929 ff. BGB regelt, bei dem der Veräußerer sich nicht gänzlich vom Besitz an der Sache löst, kann die Vorschrift analog angewendet werden.[38]

3. Verbindung zwischen Verpflichtungs- und Verfügungsgeschäft

Die Bedingung vollständiger Kaufpreiszahlung ist eine solche des Verfügungsgeschäfts. Voraussetzung für den Bedingungseintritt ist nicht, dass der Käufer irgendeine Summe in einer bestimmten Höhe an den Verkäufer bezahlt[39], sondern dass die Kaufpreisschuld vollständig erfüllt wird.[40] Da die Kaufpreisschuld aus dem Kaufvertrag resultiert, führt die Bedingung vollständiger Kaufpreiszahlung zu einer Verbindung zwischen dem Verpflichtungs- und dem Verfügungsgeschäft, die das Abstraktionsprinzip punktuell durchbricht.[41] Ist der Bedingungseintritt zum Beispiel wegen ei-

---

35 Statt vieler *Brehm/Berger*, Sachenrecht, § 27 Rn. 12; Palandt/*Bassenge*, 72. Aufl. 2013, § 929 Rn. 11; Staudinger/*Wiegand*, § 929 Rn. 62.

36 Statt vieler *Brox* JuS 1984, 657, 659; *Bülow*, Recht der Kreditsicherheiten, Rn. 771.

37 Vgl. *BGH* NJW 1958, 1133, 1135; BeckOK Bamberger/Roth/*Kindl*, 24. Edition 2012, § 929 Rn. 64; *Brox* JuS 1984, 657, 659; MünchKomm-*Oechsler*, § 929 Rn. 19 a. E. Dies halten einige – ohne Begründung – für unproblematisch, etwa Soergel/*Henssler*, BGB, § 929 Rn. 74; *Wolf/Wellenhofer*, Sachenrecht, 27. Aufl. 2012, § 14 Rn. 19.

38 Überzeugend MünchKomm-*Oechsler*, § 929 Rn. 19 a. E.

39 In diese Richtung jedoch *Wieling*, Sachenrecht, § 17 I 2 S. 243 (m.w.N.).

40 Ganz herrschende Meinung: *Baur/Stürner*, Sachenrecht, § 59 Rn. 31; *Weber*, Sachenrecht I, § 12 Rn. 10; *Westermann/Gursky/Eickmann*, Sachenrecht, § 4 Rn. 13. Im Grundsatz auch *Brehm/Berger*, Sachenrecht, § 31 Rn. 7.

41 Statt vieler *Weber*, Sachenrecht I, § 12 Rn. 10; *Westermann/Gursky/Eickmann*, Sachenrecht, § 4 Rn. 13; a.A. *Wieling*, Sachenrecht, § 17 I 2 S. 243 (m.w.N.).

nes Rücktritts vom Kaufvertrag ausgeschlossen, werden die dingliche Einigung und damit die bedingte Übereignung unwirksam.[42]

4. Folgen des Eintritts, des Ausfalls oder der Gefährdung der Bedingung

Tritt die Bedingung ein, erwirbt der Käufer mit Wirkung *ex nunc* unbedingtes Eigentum an der Sache.[43] Kann die Bedingung nicht mehr eintreten, geht der Vorbehalt des Eigentums unter – es entsteht wieder unbeschränktes Eigentum des Verkäufers. Der Käufer verliert seine bedingte Berechtigungsposition und damit den Schutz der §§ 160–162 BGB. Er behält nur den relativen Schutz des Kaufvertrages, sofern dieser eine entsprechende Wirkung entfaltet, was nicht der Fall ist, wenn der Bedingungseintritt – wie so häufig – gerade deshalb ausgeschlossen ist, weil der Verkäufer den Kaufvertrag angefochten hat oder von ihm zurückgetreten ist. Der Eigentumsvorbehalt bleibt also bestehen, solange die Bedingung eintreten kann. Eine Gefährdung der Bedingung, und sei sie auch noch so groß, führt nicht zum Fortfall des Eigentumsvorbehalts.

III. Das Anwartschaftsrecht des Käufers

Erwirbt der Käufer vom Verkäufer die Sache unter Eigentumsvorbehalt (§ 449 Abs. 1 BGB), geht damit in aller Regel der Erwerb eines Anwartschaftsrechts einher. Das Anwartschaftsrecht setzt voraus, dass von einem mehraktigen Erwerbstatbestand so viele Erfordernisse erfüllt sind, dass die daraus resultierende gesicherte Rechtsposition des Käufers nicht mehr einseitig vom Verkäufer beseitigt werden kann.[44] Dabei ist es das Sachübereignungsgeschäft, das als mehraktiger Erwerbstatbestand angesehen wird. Deshalb ist die Formulierung unzutreffend: „Bereits mit dem Abschluss des Vorbehaltskaufs erwirbt der Vorbehaltskäufer somit ein Anwartschaftsrecht[…].“[45] Die mehreren Akte des Erwerbstatbestands sind:

---

42 Siehe nur Palandt/*Bassenge*, 72. Aufl. 2013, § 929, Rn. 31; *Weber*, Sachenrecht I, § 12 Rn. 10; *Westermann/Gursky/Eickmann*, Sachenrecht, § 4 Rn. 13.

43 Vgl. nur *Baur/Stürner*, Sachenrecht, § 59 Rn. 31; *Honsell* JuS 1981, 705, 708; *Weber*, Sachenrecht I, § 12 Rn. 93.

44 Siehe die Nachweise bei Gliederungspunkt B.

45 Diese Formulierung verwendet *Schreiber* Jura 2001, 623, 625 linke Spalte mittig.

wirksame Einigung über den Eigentumsübergang, Übergabe des Besitzes oder Übergabeersatz, Einigsein im Zeitpunkt der Übergabe und Berechtigung[46] des Verfügenden. Nahezu alle Akte sind beim konfliktfreien Eigentumsvorbehalt erfüllt.[47] Zur Komplettierung der Übereignung fehlt nur die Begleichung der Kaufpreisschuld, die vom Käufer abhängt. Aber warum kann der Verkäufer diese Rechtsposition des Käufers nicht einseitig zerstören?

1. Unwiderruflichkeit der bedingten Übereignungseinigung

Jenseits des Eigentumsvorbehalts gilt der Grundsatz, dass die dingliche Einigung (jedenfalls vor Übergabe der Sache) frei widerruflich ist.[48] Demgegenüber ist beim Eigentumsvorbehalt anerkannt, dass der Verkäufer spätestens mit der Übergabe der Sache an den Käufer nicht mehr berechtigt ist, die aufschiebend bedingte Einigung zu widerrufen.[49] Die hierfür vorgetragene Argumentation, die bedingte Übereignung sei bereits wirksam vollzogen, sodass mit Bedingungseintritt der Eigentumsübergang automatisch und ohne weitere Einigung der Beteiligten stattfinde[50], lässt sich noch vertiefen. Ausgangspunkt ist die Formulierung:

> „Eine einseitige Beendigung der Anwartschaft durch den Verkäufer, der *an die das dingliche Recht gestaltende Wirkung des Kaufvertrages gebunden ist*, gestatten nicht einmal diejenigen, die sonst eine Bindung an die dingliche Einigung leugnen."[51]

---

46 Die Verfügung eines Nichtberechtigten soll hier nicht interessieren.

47 Die zeitgleiche Verwirklichung aller Akte des Tatbestandes führt nicht zum Anwartschaftsrecht, sondern zum Vollrecht, sodass *Hofmann*, Anwartschaftsrechte, 102 f., zu Recht darauf hinweist, dass der mehraktige Tatbestand sukzessiv erfüllt wird, was nicht ausschließt, dass einzelne Teile des Tatbestandes zeitgleich erfüllt werden.

48 Nahezu einhellig, vgl. *Baur/Stürner*, Sachenrecht, § 5 Rn. 36 f.; MünchKomm-*Oechsler*, § 929 Rn. 41 f.; *Weber*, Sachenrecht I, § 8 Rn. 8; für Bindungswirkung *Wieling*, Sachenrecht I, § 1 III 1b S. 10 f. m.w.N.

49 Einhellig: BGHZ 20, 88, 97 = NJW 1956, 665, 666; MünchKomm-*Oechsler*, § 929 Rn. 41 f.; *Larenz/Wolf*, BGB AT, § 15 Rn. 98 i.V.m. § 50 Rn. 46; *Wolf/Neuner*, BGB AT, § 20 Rn. 47; *Westermann/Gursky/Eickmann*, Sachenrecht, § 43 Rn. 5.

50 BGHZ 20, 88, 97 = NJW 1956, 665, 666.

51 *Westermann/Gursky/Eickmann*, Sachenrecht, § 43 Rn. 5. Hervorhebung vom Verfasser.

Dieser Gedanke ist wie folgt zu verstehen: Der Kaufvertrag entfaltet eine Bindungswirkung.[52] Das allein begründet freilich nicht die Unwiderruflichkeit der sachenrechtlichen Einigung. Ob die Parteien an die sachenrechtliche Einigung gebunden sind, muss durch Auslegung der sachenrechtlichen Willenserklärungen ermittelt werden. Beim Vorbehaltskaufvertrag und der Übereignung unter Eigentumsvorbehalt zeigt sich ein Zusammenspiel, das beim ‚normalen' Kaufvertrag und der unbedingten Übereignung nicht zu beobachten ist. Die sachenrechtliche Bedingung vollständiger Kaufpreiszahlung nimmt den Vorbehaltskaufvertrag in Bezug. Diese Verknüpfung soll dem Verkäufer die Sicherheit geben, dass er sein Eigentum erst mit der vollständigen Bezahlung des Kaufpreises verliert, und dem Käufer die Gewissheit, dass er sein bedingtes Eigentum – also die Erwerbsposition – nicht verliert, solange er die fälligen Kaufpreisraten vereinbarungsgemäß bezahlt. Insbesondere mit dem letztgenannten Ziel wäre es nicht vereinbar, wenn der Verkäufer die Erwerbsposition des Käufers durch einen Widerruf der dinglichen Einigung beseitigen könnte. Deshalb ist die dingliche Einigung in aller Regel[53] dahin auszulegen, dass das bedingte Übereignungsgeschäft unwiderruflich ist.

Meines Erachtens kann der Verkäufer die dingliche Einigung erst dann einseitig widerrufen, wenn er sich vom Vorbehaltskaufvertrag lösen kann.[54] Dass die Bindungswirkung des Vorbehaltskaufvertrages auch für die Unwiderruflichkeit der sachenrechtlichen Einigung eine wichtige Rolle spielt, zeigt die folgende Kontrollüberlegung: Würden sich die Vertragsparteien privatautonom ein jederzeitiges kaufvertragliches Widerrufs- oder Rücktrittsrecht einräumen, wäre der Vorbehaltskaufvertrag faktisch nicht bindend. Dies hätte auch Auswirkungen auf die bedingte Übereignungseinigung, weil die Parteien durch den Widerruf des in Bezug genommenen Kaufvertrages auch die Bedingung der dinglichen Einigung beseitigen könnten. Mit anderen Worten: Der Widerruf des Kaufvertrages würde auch zur Unwirksamkeit der dinglichen Einigung führen. Dies würde kei-

52 Siehe *Bork*, BGB AT, § 17 Rn. 659; *Leenen*, BGB AT, § 1 Rn. 9 ff.; *Wolf/Neuner*, Sachenrecht, § 10 Rn. 23 ff.

53 Etwas anderes gilt, wenn der Vorbehaltsverkäufer im Zuge der bedingten Übereignung ausdrücklich (!) erklärt, die dingliche Einigung sei jederzeit widerruflich, und der Käufer dieser Erklärung vorbehaltslos zustimmt.

54 Praktisch relevant wird diese Aussage bei der Frage, ob und wann der Verkäufer isoliert den sachenrechtlichen Eigentumsvorbehalt ausüben darf, dazu unten E. II. 4.

ne Fiktion nach § 162 Abs. 1 BGB auslösen, weil die Verhinderung des Bedingungseintritts nicht gegen Treu und Glauben verstieße. Mithin begründete die Widerruflichkeit des Kaufvertrages zugleich die Beseitigungsmöglichkeit der dinglichen Einigung.

2. Schutz des Käufers gemäß § 161 BGB und § 162 Abs. 1 BGB

Der Verkäufer bleibt zwar bis zum Bedingungseintritt Eigentümer der Sache und kann über das Eigentum entgegen seiner schuldrechtlichen Verpflichtung wirksam verfügen (§ 137 BGB). Der Käufer ist jedoch vor nachteiligen Verfügungen des Verkäufers gemäß § 161 Abs. 1, Abs. 3 i.V.m. § 936 Abs. 3 (analog[55]) BGB geschützt. Veräußert der Verkäufer die Sache, die sich im Besitz des Käufers befindet, an einen Dritten gemäß § 931 BGB, dann erwirbt dieser zunächst Eigentum an der Kaufsache. Der Dritterwerber kann trotzdem die Sache nicht nach § 985 BGB vom Käufer herausverlangen, weil dieser nicht nur gegenüber dem Verkäufer ein Recht zum Besitz hat, sondern nach § 986 Abs. 2 BGB auch dem Dritterwerber gegenüber.[56] Die Übereignung an den Dritten wird mit vollständiger Kaufpreiszahlung gemäß § 161 Abs. 1 BGB absolut[57] unwirksam mit der Folge, dass der Käufer Eigentümer der Sache wird. Hierfür ist es nicht erforderlich, dass der Verkäufer in irgendeiner Weise zustimmt oder weiterhin erfüllungsbereit ist.[58]

Der Käufer ist nach § 161 Abs. 1 S. 2 BGB insbesondere gegen zwangsvollstreckungs- und insolvenzrechtliche Verfügungen geschützt. Verhin-

---

55 Die herrschende Ansicht wendet § 936 Abs. 3 BGB entweder unmittelbar oder mittelbar auf das Anwartschaftsrecht an: BeckOK Bamberger/Roth/*Kindl*, § 936 Rn. 7; *Baur/Stürner*, Sachenrecht, § 52 Rn. 55; *Medicus/Petersen*, Bürgerliches Recht, Rn. 462. Andere wenden die Norm wegen des Regelungszusammenhangs der §§ 161 Abs. 3, 936 Abs. 3 BGB an, etwa *Döring* NJW 1996, 1443 ff.; *Weber*, Sachenrecht I, § 12 Rn. 79; wohl auch *Petersen*, BGB AT und Handelsrecht, § 28 Rn. 8.

56 Dazu nur *BGH* NJW 2008, 1803, 1804, *Baur/Stürner*, Sachenrecht, § 59 Rn. 46.

57 Die herrschende Meinung bejaht eine absolute Unwirksamkeit der Zwischenverfügung: *Bork*, BGB AT, § 29 Rn. 1273 i.V.m. Rn. 1281; Palandt/*Ellenberger*, 72. Aufl. 2013, § 161 Rn. 1; *Petersen*, BGB AT und Handelsrecht, § 8 Rn. 35; für relative Unwirksamkeit etwa *Westermann/Gursky/Eickmann*, Sachenrecht, § 43 Rn. 15.

58 Siehe nur BGHZ 20, 88, 97 = NJW 1956, 665, 666; *Baur/Stürner*, Sachenrecht, § 59 Rn. 31.

dert der Verkäufer treuwidrig den Bedingungseintritt, zum Beispiel indem er den ordnungsgemäß angeboten Kaufpreis ohne berechtigten Grund zurückweist[59], gilt der Bedingungseintritt gemäß § 162 Abs. 1 BGB als erfolgt und der Käufer erwirbt das Eigentum an der Kaufsache. Schließlich ist auf den Schadensersatzanspruch nach § 160 Abs. 1 BGB hinzuweisen, der neben die §§ 280 ff. BGB tritt.[60]

Das Gesagte zeigt, dass der Schutz des Käufers vor allem von den §§ 160 – 162 BGB ausgeht.[61] Zu beachten ist aber, dass dies nicht für alle Schutzmechanismen gilt, die im Kontext des Anwartschaftsrechts angewendet werden. Angesprochen ist damit zum Beispiel die Hochstufung des Anwartschaftsrechts zum absoluten Recht gemäß § 823 Abs. 1 BGB[62], die sich nicht aus den §§ 160 – 162 BGB ergibt.[63]

3. Anwartschaftsrecht nur bei bestehender Kaufpreisschuld

Das Anwartschaftsrecht ist nach ganz herrschender Meinung vom Bestehen der Kaufpreisschuld abhängig (Lehre von der schuldrechtlichen Abhängigkeit des Anwartschaftsrechts[64]). Ist der Kaufvertrag von Anfang an nichtig oder infolge eines Rücktritts rückabzuwickeln, kann die Bedingung für den Vollrechtserwerb nicht mehr eintreten, sodass die Annahme eines Anwartschaftsrechts ausscheidet.

---

59 So die herrschende Ansicht: *Bülow*, Recht der Kreditsicherheiten, Rn. 759; *Leenen*, BGB AT, § 10 Rn. 36; *Wolf/Wellenhofer*, Sachenrecht, § 14 Rn. 16; gegen Vereitelung des Bedingungseintritts *Medicus/Petersen*, Bürgerliches Recht, Rn. 464: Annahmeverzug (Hinterlegung des Kaufpreises nach §§ 372, 378).

60 MünchKomm-*Westermann*, § 160 Rn. 5; Palandt/*Ellenberger*, 72. Aufl. 2013, § 160 Rn. 1.

61 Statt vieler *Bork*, BGB AT, § 29 Rn. 1282; *Medicus/Petersen*, Bürgerliches Recht, Rn. 462 ff.

62 Das Anwartschaftsrecht ist nach herrschender Meinung ein sonstiges Recht i.S.v. § 823 Abs. 1 BGB, vgl. nur *Baur/Stürner*, Sachenrecht, § 59 Rn. 45; MünchKomm-*Wagner*, § 823 Rn. 51; Palandt/*Sprau*, 72. Aufl. 2013, § 823 Rn. 12; *Weber*, Sachenrecht I, § 14 Rn. 39 ff.

63 Näher Staudinger/*Beckmann*, § 449 Rn. 65 ff. (mit weiteren Beispielen); *Serick*, Eigentumsvorbehalt und Sicherungsübereignung, Band I, S. 242 f.

64 Statt vieler MünchKomm-*Oechsler*, § 929 Rn. 19; Palandt/*Bassenge*, 72. Aufl. 2013, § 929 Rn. 31 i.V.m. Rn. 44. Eine Zusammenfassung der in der Literatur vorgeschlagenen Begründungsansätze, die im Einzelnen voneinander abweichen, findet sich bei *Hofmann*, Anwartschaftsrechte, 22 ff.

4. Folgen des Eintritts, des Ausfalls oder der Gefährdung der Bedingung

a) Eintritt und Ausfall der Bedingung

Tritt die Bedingung ein, erstarkt das Anwartschaftsrecht nach nahezu einhelliger Ansicht zum Vollrecht.[65] Fällt die Bedingung aus, erlischt das Anwartschaftsrecht.

b) Gefährdung der Bedingung

Zweifelhaft ist, welche Auswirkung eine Gefährdung der Bedingung auf das Anwartschaftsrecht des Käufers hat. Es kann methodisch nicht überzeugen, ohne nähere Begründung anzunehmen, dass das Anwartschaftsrecht fortbestehe, solange die Bedingung noch eintreten könne.[66] Ohne nähere Reflexion werden für das Erlöschen des Anwartschaftsrechts die Voraussetzungen angewendet, die für den Wegfall des Eigentumsvorbehalts gelten. Häufig wird sogar explizit auf § 449 Abs. 2 BGB hingewiesen.[67] Nicht nur deshalb stimmt der Hinweis von *Hofmann*, dass die Beschäftigung mit dem Anwartschaftsrecht wohl eher einer Beschäftigung mit dem Kauf unter Eigentumsvorbehalt gleichkommt.[68] Diese Gleichbehandlung von Anwartschaftsrecht und Eigentumsvorbehalt führt dazu, dass eine Gefährdung der Bedingung, und sei sie auch noch so groß, nicht zum Erlöschen des Anwartschaftsrechts führt. Diese Wertung steht nicht im Einklang mit der herrschenden Anwartschaftsrechtsdefinition.

---

65 Statt vieler *Baur/Stürner*, Sachenrecht, § 59 Rn. 31; *Bork*, BGB AT, § 29 Rn. 1282; Erman/*Grunewald*, § 449 Rn. 27; Palandt/*Ellenberger*, 72. Aufl. 2013, Einf § 158, Rn. 9. Demgegenüber wird vereinzelt betont, das Anwartschaftsrecht erstarke nicht zum Eigentum, weil dieses Folge des (zunächst bedingten) Übereignungsgeschäfts sei; vielmehr gehe das Anwartschaftsrecht schlicht unter, so etwa *Flume* AcP 161 (1962), 385, 390; dem folgend *Schmidt-Recla* JuS 2002, 759, 762.

66 Stellvertretend für die einhellige Ansicht: *Brehm/Berger*, Sachenrecht, § 31 Rn. 7; *Brox* JuS 1984, 657, 658; Erman/*Grunewald*, § 449 Rn. 27; *Medicus/Petersen*, Bürgerliches Recht, Rn. 479; Palandt/*Bassenge*, 72. Aufl. 2013, § 929 Rn. 31; Staudinger/*Beckmann*, § 449 Rn. 31 i.V.m. Rn. 34; *Vieweg/Werner*, Sachenrecht, § 11 Rn. 61; *Weber*, Sachenrecht I, § 12 Rn. 95; *Wolf/Wellenhofer*, Sachenrecht, § 14 Rn. 17.

67 Etwa *Schmidt-Recla* JuS 2002, 759, 762; der Sache nach auch *Wolf/Wellenhofer*, Sachenrecht, § 14 Rn. 17.

68 *Hofmann*, Anwartschaftsrechte, 74 f.

Deshalb sollte differenziert werden: Der Standpunkt, das Anwartschaftsrecht gehe erst mit Ausfall der Bedingung unter, ist allenfalls für den Fall stimmig, dass die Gefährdung des Bedingungseintritts nicht vom Veräußerer ausgeht, sondern von einer dritten Person, die außerhalb seines Machtbereichs steht. Als Beispiel sei wiederum das umstrittene Anwartschaftsrecht des Auflassungsempfängers genannt, das angenommen wird, wenn neben einer *bindenden Auflassung* ein *Antrag des Erwerbers auf Grundbucheintragung* vorliegt.[69] Trotz des Umstands, dass das Grundbuchamt den Eintragungsantrag des Erwerbers zurückweisen oder einen später gestellten Antrag eines Dritten (pflichtwidrig) vorziehen könnte, wird ein Anwartschaftsrecht angenommen, weil der Bedingungseintritt nicht mehr vom Verhalten des Veräußerers abhängt. Hat es aber der Verkäufer in der Hand, den Bedingungseintritt einseitig zu verhindern, kann keine ‚gesicherte Rechtsposition' des Käufers angenommen werden.[70]

c) Bedingte Berechtigungsposition ohne Anwartschaftsrecht

Für die weitere Untersuchung ist eine Klarstellung besonders wichtig: Jede aufschiebend bedingte Verfügung über einen Gegenstand genießt zwar den Schutz der § 160 – 162 BGB, begründet aber nicht zwingend ein Anwartschaftsrecht. Hat zum Beispiel der Verkäufer die Übereignung der Sache unter der aufschiebenden Bedingung vorgenommen, dass er nicht innerhalb einer bestimmten Frist von dem Kauf zurücktritt, wird zwar kein Anwartschaftsrecht des Käufers begründet, jedoch wird eine in der Frist erfolgte Zwischenverfügung des Verkäufers unwirksam, wenn er es versäumt, den Rücktritt innerhalb der Frist wirksam zu erklären.[71] Es ist also denkbar, dass es einen bedingt Berechtigten gibt, der nicht zugleich Inhaber eines Anwartschaftsrechts ist. Dies zeigt auch das nächste Beispiel: Enthält der Kaufvertrag keine Regelungen zum Eigentumsvorbehalt und zu einer Vorleistungspflicht, dann schulden die Kaufvertragsparteien die Leistungen nur Zug-um-Zug (§ 320 BGB). Ist nun der Verkäufer auf der Verfügungsebene bereit, dem Käufer, der den Kaufpreis noch nicht bezahlen kann, den Besitz einzuräumen, dann macht er mehr, als er machen

---

69 Näher oben B.

70 Näher dazu unten E. III.

71 Beispiel nach NK-BGB/*Wackerbarth*, § 161 Rn. 4.

müsste.[72] Schließen die Parteien zudem eine Übereignungseinigung unter der Bedingung vollständiger Kaufpreiszahlung, die der Verkäufer – nach der ausdrücklichen Abrede – bis zur vollständigen Zahlung des Kaufpreises jederzeit widerrufen kann, erlangt der Käufer zwar eine bedingte Berechtigungsposition nach §§ 158 ff. BGB, aber kein Anwartschaftsrecht. Zahlt der Käufer den vollständigen Kaufpreis, erwirbt er unwiderrufliches Eigentum, ohne je Anwartschaftsrechtsinhaber geworden zu sein.

d) Fazit

Eine Gefährdung der Bedingung berührt nicht den Bestand des Eigentumsvorbehalts, sie kann aber zum Erlöschen des Anwartschaftsrechts führen, wenn die Gefährdung vom Verkäufer ausgeht. Beim Eigentumsvorbehalt nach § 449 BGB kann es dazu kommen, dass der Käufer bezogen auf den Eigentumserwerb eine bedingte Berechtigungsposition hat, aber kein Anwartschaftsrecht.

5. Sachenrechtliche Entstehung des Anwartschaftsrechts des Käufers

Klärungsbedürftig ist die Frage, ob das Anwartschaftsrecht kraft Verfügungsgeschäfts oder kraft Gewohnheitsrechts[73] entsteht. Der häufig zu lesende Satz, für das Anwartschaftsrecht seien die Vorschriften zum Eigentum analog anzuwenden[74], mag im Zusammenhang mit dem Schutz und der Übertragung (!) des Anwartschaftsrechts zutreffen.[75] Der Satz darf aber nicht ohne Weiteres auf das erstmalige Entstehen des Anwartschaftsrechts angewendet werden. Insoweit bringen einige Formulierungen weniger Klarheit in die Sache, als es auf den ersten Blick scheint. Dies gilt beispielsweise für die Sätze:

---

72 Überzeugend nicht nur *Schwab*, AGB-Recht, Rn. 280 m.w.N.

73 Also nicht kraft Gesetzes i.e.S., weil das positive Gesetz das Anwartschaftsrecht nicht regelt. Allerdings ist diese Unterscheidung eine theoretische, praktisch handelt es sich um die gleiche Denkart. Deshalb kann es hingenommen werden, wenn vom Erwerb des Anwartschaftsrechts kraft Gesetzes gesprochen wird.

74 Exemplarisch: *Bülow*, Recht der Kreditsicherheiten, Rn. 779; Staudinger/*Wiegand*, § 929 Rn. 35; *Vieweg/Werner*, Sachenrecht, § 11 Rn. 38 i.V.m. Rn. 49.

75 Dies muss nicht vertieft werden, weiterführend *Brox* JuS 1984, 657, 660 ff.; *Weber*, Sachenrecht I, § 14 Rn. 14 ff.; *Wilhelm*, Sachenrecht, Rn. 2345 ff.

> „Das Anwartschaftsrecht entsteht durch die aufschiebend bedingte Einigung über die Eigentumsübertragung und die Übergabe bzw. ein Übergabesurrogat entsprechend den §§ 929 ff.“[76]
>
> „Das Anwartschaftsrecht wird dem Erwerber vom Vollrechtsinhaber eingeräumt (Ersterwerb). Da das Anwartschaftsrecht den Erwerb des Vollrechts vermitteln soll, richtet sich der Erwerb nach den Vorschriften des Vollrechtserwerbs“.[77]

Die zitierten Sätze bedeuten nicht, dass das Anwartschaftsrecht Gegenstand der sachenrechtlichen Parteivereinbarung ist. Die Parteien schließen also nicht zwei sachenrechtliche Rechtsgeschäfte: die aufschiebend bedingte Übereignung und die Einigung über das Entstehen eines Anwartschaftsrechts. In aller Regel ergibt die Auslegung des ‚sachenrechtlichen Verhaltens‘ des Verkäufers, dass er dem Käufer rechtsgeschäftlich ausschließlich das Eigentum verschaffen möchte. Dass der Verkäufer den Eigentumsübergang von der Bedingung vollständiger Kaufpreiszahlung abhängig macht, rechtfertigt sich aus seinem Sicherheitsbedürfnis heraus.

Wie entsteht nun das Anwartschaftsrecht, wenn sich die sachenrechtliche Parteiabrede ausschließlich auf die (bedingte) Eigentumsübertragung bezieht? Das Anwartschaftsrecht entsteht nach herrschender Meinung kraft Gewohnheitsrechts.[78] Zu dieser Ansicht wird man auch die Autoren zählen dürfen, die das Anwartschaftsrecht im Ausgangspunkt als eine „Zusammenfassung der Vorwirkungen des bedingten Eigentumserwerbs vor Eintritt der Bedingung“ ansehen.[79] Das Anwartschaftsrecht ist ein

---

76 *Wieling*, Sachenrecht, § 17 I. 2. S. 242; eine ähnliche Formulierung verwenden etwa *Brox* JuS 1984, 657, 658; *Habersack*, Sachenrecht, Rn. 242.

77 *Vieweg/Werner*, Sachenrecht, § 11 Rn. 38; ähnlich *Wolf/Wellenhofer*, Sachenrecht, § 14 Rn. 19; vgl. auch *Bülow*, Recht der Kreditsicherheiten, Rn. 774 i.V.m. 779; *Serick* AcP 166 (1966), 129, 130 (er spricht von einer „kausalen Verfügung“); *ders.*, Eigentumsvorbehalt und Sicherungsübereignung, Band I, S. 53 ff.

78 Siehe etwa BGHZ 20, 88, 98 (= NJW 1956, 665, 666); *Flume* AcP 161 (1962), 385, 390 f.; *Larenz/Wolf*, BGB AT, § 15 Rn. 93; auch in der Neuauflage *Wolf/Neuner*, BGB AT, § 20 Rn. 46; *Mülbert* AcP (202) 2002, 912, 935, spricht insoweit von der herrschenden Meinung (er selbst lehnt aber ein Anwartschaftsrecht ab); Soergel/*Henssler*, § 929 Rn. 10 f.

79 Die Formulierung stammt von *Flume* AcP 161 (1962), 385, 394 f.; auf sie beziehen sich ausdrücklich oder der Sache nach nicht nur: *Baur/Stürner*, Sachenrecht, § 3 Rn. 44 i.V.m. Rn. 46, § 59 Rn. 32; *Bork*, BGB AT, § 29, Rn. 1281 f.; MünchKomm-*Oechsler*, § 929 Rn. 17; NK-BGB/*Büdenbender*, § 449 Rn. 24; Palandt/*Bassenge*, 72. Aufl. 2013, § 929 Rn. 37; Palandt/*Ellenberger*, 72. Aufl. 2013, Einf. v. § 158 Rn. 9; *Wilhelm*, Sachenrecht, Rn. 2337 f.

‚Anfallrecht'.[80] Anfallrechte sind Rechte, die dem Berechtigten beim Eintritt bestimmter Voraussetzungen kraft Gesetzes (hier: kraft Gewohnheitsrechts) zufallen, ohne dass es dazu eines darauf gerichteten Erwerbswillens bedürfte.[81] Bezogen auf das Anwartschaftsrecht des Käufers bedeutet dies, dass die Rechtsordnung dieses Recht vor allem deshalb anerkennt, weil der Übereignungstatbestand nahezu[82] abgeschlossen ist und nicht mehr einseitig vom Verkäufer beseitigt werden kann. Während also die Übereignung unter Eigentumsvorbehalt ein Rechtsgeschäft der Parteien darstellt, entsteht das Anwartschaftsrecht nicht durch Rechtsgeschäft; vielmehr ist es eine vermögenswerte Rechtsposition, die aus der Anerkennung seitens der Rechtsordnung resultiert.[83]

6. Zusammenfassung

Der Käufer hat beim Eigentumsvorbehalt in aller Regel eine gesicherte Rechtsposition, die der Verkäufer nicht entziehen kann. Dieses Anwartschaftsrecht entsteht kraft Gewohnheitsrechts. Die bedingte Übereignungseinigung kann nicht einseitig widerrufen werden. Der weitere Schutz der Rechtsposition des Käufers geht vor allem von den §§ 158 – 162 ff. BGB aus. Das Anwartschaftsrecht ist vom Bestand der Kaufpreisschuld abhängig. Eine Gefährdung der Bedingung, die vom Verkäufer ausgeht, berührt zwar nicht den Bestand des Eigentumsvorbehalts, aber den des Anwartschaftsrechts.

---

80 Diese Bezeichnung verwenden *Wolf/Neuner*, BGB AT, § 20 Rn. 46.
81 *Wolf/Neuner*, BGB AT, § 20 Rn. 46.
82 Es fehlt ‚nur' noch der Bedingungseintritt.
83 Richtig *Flume* AcP 161 (1962), 385, 390 f.

D. Untergang des Anwartschaftsrechts des Käufers

I. Anerkannte Fallgruppen

Weitgehend anerkannt sind folgende Erlöschensgründe des Anwartschaftsrechts[84]: Das Anwartschaftsrecht erlischt, wenn die Bedingung durch Erfüllung der Kaufpreisschuld eintritt.[85] Diesem Fall stehen gleich: die Aufrechnung (Käuferanspruch gegen Kaufpreisanspruch des Verkäufers), die Hinterlegung bei ausgeschlossener Rücknahme gemäß § 378 BGB, die Annahme an Erfüllung statt gemäß § 364 Abs. 1 BGB, nicht die Annahme erfüllungshalber gemäß § 364 Abs. 2 BGB.[86] Das Anwartschaftsrecht erlischt durch Verzicht des Inhabers analog §§ 1064, 1255 BGB[87], aber auch dann, wenn der Verkäufer auf den Eigentumsvorbehalt verzichtet.[88] Es fällt fort, wenn die Bedingung nicht mehr eintreten kann, etwa dann, wenn eine Partei wirksam vom Kaufvertrag zurücktritt oder dieser oder das Anwartschaftsrecht einvernehmlich aufgehoben[89] wird. Macht der Verkäufer isoliert den Eigentumsvorbehalt geltend, dann ist darin der Widerruf der dinglichen Einigung zu sehen, mit dem der Fortfall

---

84 Siehe dazu (jeweils m.w.N.) *Baur/Stürner*, Sachenrecht, § 59 Rn. 13 ff.; Erman/*Grunewald*, § 449 Rn. 39 f.; Staudinger/*Beckmann*, § 449 Rn. 31; *Vieweg/Werner*, Sachenrecht, § 11 Rn. 61 ff.; *Weber*, Sachenrecht I, § 12 Rn. 93 ff.; *Wieling*, Sachenrecht, § 17 IV S. 250 f.

85 Vgl. nur BGHZ 54, 214, 217 (= NJW 1970, 1733, 1734). Zur Klarstellung: Der berühmte Satz, das Anwartschaftsrecht erstarke zum Eigentum, ändert nichts daran, dass das Anwartschaftsrecht nicht mehr besteht. Ein Schmetterling ist keine Raupe.

86 Staudinger/*Beckmann*, § 449 Rn. 31 f.

87 *Leible/Sosnitza* JuS 2001, 341, 345.

88 *BGH* NJW 1958, 1231; zustimmend *Leible/Sosnitza* JuS 2001, 341, 345; Staudinger/*Beckmann*, § 449 Rn. 43; ablehnend Erman/*Grunewald*, § 449 Rn. 41.

89 Ob ein Aufhebungsvertrag zwischen Käufer und Verkäufer ohne Zustimmung des vom Käufer verschiedenen Inhabers des Anwartschaftsrechts (oder – bei dinglicher Belastung des Anwartschaftsrechts – ohne Zustimmung des Pfandrechtsgläubigers) auch zum Untergang des Anwartschaftsrechts führt, ist sehr umstritten, vgl. dazu *Leible/Sosnitza* JuS 2001, 341, 345; *Medicus/Petersen*, Bürgerliches Recht, Rn. 473; *Vieweg/Werner*, Sachenrecht, § 11 Rn. 62; *Weber*, Sachenrecht I, § 14 Rn. 34 ff.

des Anwartschaftsrechts einhergeht.[90] Es erlischt, wenn die Vorbehaltssache zerstört, nach § 950 BGB verarbeitet, mit einem Grundstück (§ 946 BGB) oder einer anderen beweglichen Sache (§ 947 BGB) verbunden oder nach § 948 vermischt wird.[91] Schließlich geht das Anwartschaftsrecht unter, wenn ein Dritter vom Käufer oder Verkäufer gutgläubig unbelastetes Eigentum erwirbt.[92]

II. Auswirkung der Lossagungsmöglichkeit des Verkäufers

Die Möglichkeit des Käufers, sich einseitig vom Vertrag zu lösen, berührt weder die Entstehung noch den Bestand des Anwartschaftsrechts. Dieses erlischt erst, wenn der Käufer sein bestehendes Gestaltungsrecht wirksam ausgeübt hat.

Demgegenüber ist näher auf die Frage einzugehen, ob das Anwartschaftsrecht auch dann anerkannt werden kann, wenn der Verkäufer die Möglichkeit hat, sich durch Willenserklärung einseitig vom Vertrag zu lösen. Diese Frage wird im Schrifttum – soweit ersichtlich – nicht problematisiert. Häufig wird nur darauf hingewiesen, dass das Anwartschaftsrecht erst mit wirksamer Ausübung des Gestaltungsrechts untergehe.[93] Vereinzelt wird zwar gesehen, dass in diesem Fall die Annahme eines Anwartschaftsrechts nicht mit der Anwartschaftsrechtsdefinition im Einklang stehe[94], allerdings wird diese Frage nicht vertieft, vielmehr wird angenommen, dass die Unentziehbarkeit der Rechtsposition seitens des Veräußerers kein Wesensmerkmal des Anwartschaftsrechts sei.[95] Es wird also – entge-

---

90 Näher zu dieser Fallgruppe unten E. II. 4.

91 Vgl. nur Staudinger/*Beckmann*, § 449 Rn. 39 ff.; *Weber*, Sachenrecht I, § 12 Rn. 97.

92 *Weber*, Sachenrecht I, § 12 Rn. 96.

93 Zum Anfechtungsrecht etwa: *Medicus/Petersen*, Bürgerliches Recht, Rn. 479; MünchKomm-*Oechsler*, § 929 Rn. 19; *Schmidt-Recla* JuS 2002, 759, 762; *Vieweg/Werner*, Sachenrecht, § 11 Rn. 61; *Wolf/Wellenhofer*, Sachenrecht, § 14 Rn. 17. Zum Rücktrittsrecht vgl. die ausführlichen Nachweise am Ende des ersten Satzes des Gliederungspunkts E.

94 Siehe *Hofmann*, Anwartschaftsrechte, 31 ff. zum Rücktritt sowie 34 ff. zur Anfechtung.

95 In diese Richtung *Hofmann*, Anwartschaftsrechte, 39 i.V.m. 145 – 153; auch *Bernhardt*, Lehrbuch des Patentrechts, § 14 S. 76.

gen der hier zugrunde gelegten Vorgehensweise – eine Modifizierung der tradierten Definition vorgeschlagen.[96]

Von besonderem Interesse ist die praxisrelevante gesetzliche Rücktrittsmöglichkeit des Verkäufers gemäß § 323 BGB; diese bildet den Schwerpunkt der folgenden Ausführungen. Andere Gestaltungsrechte des Verkäufers werden anhangweise erörtert.

96 Siehe *Hofmann*, Anwartschaftsrechte, 145 – 153.

E. Rücktrittsmöglichkeit des Verkäufers gemäß § 323 BGB

Nach einhelliger Ansicht führt die bloße Rücktrittsmöglichkeit des Verkäufers nicht zum Fortfall des Anwartschaftsrechts, sondern erst die wirksame Rücktrittsausübung.[97] Diese Ansicht wirft die Frage auf, wie sich der Fortbestand des Anwartschaftsrechts im Zeitraum zwischen der Rücktrittsmöglichkeit des Verkäufers und der tatsächlichen Rücktrittsausübung

---

97 *Höchstrichterliche Rechtsprechung:* BGHZ 34, 197 (= NJW 1961, 1011 unten); BGHZ 35, 85, 94 (= NJW 1961, 1349, 1351); BGHZ 45, 188 f. (= NJW 1966, 1019, 1020); BGHZ 54, 214, 216 (= NJW 1970, 1733, 1734); BGHZ 75, 221, 225 (= NJW 1980, 774, 775); BGHZ 83, 395, 396 (= NJW 1982, 1639; 1640); BGHZ 92, 280, 293 (= NJW 1985, 376, 378); *BGH*, NJW 2006, 3488, 3490.
Schrifttum (Auswahl): Baur/Stürner, Sachenrecht, § 59 Rn. 4 i.V.m. Rn. 19; *Beckmann*, in jurisPK-BGB, § 929 Rn. 103; BeckOK Bamberger/Roth/*Faust*, 26. Edition 2011, § 449 Rn. 16 i.V.m. Rn. 18; BeckOK Bamberger/Roth/*Kindl*, § 929 Rn. 79; *Brehm/Berger*, Sachenrecht, § 31 Rn. 7; *Brox* JuS 1984, 657, 658; NK-BGB-*Büdenbender*, § 449 Rn. 3; *Bülow* Jura 1986, 169, 173; Erman/*Grunewald*, § 449 Rn. 21 i.V.m. Rn. 41; Erman/*Michalski*, § 929 Rn. 23; *Fikentscher/Heinemann*, Schuldrecht, § 75 Rn. 964; *Flume* AcP 161 (1962), 385, 388; *Forkel*, Anwartschaftsrecht, S. 195; *Georgiades*, Eigentumsanwartschaft, S. 21 i.V.m. S. 124; *Gernhuber* FS für Baur, 1981, 31, 35 f. i.V.m. 41; *Gursky*, Schuldrecht BT, S. 46 f.; *Habersack*, Sachenrecht, Rn. 244; HKK/*Finkenauer*, §§ 158-163 Rn. 29; Jauernig/*Berger*, § 449 Rn. 12 i.V.m. § 929 Rn. 36 i.V.m. Rn. 62; *Lange* JuS 1971, 511, 513; *Leible/Sosnitza* JuS 2001, 341, 345; *Looschelders*, Schuldrecht BT, Rn. 210; *Lorenz* JuS 2011, 199, 201; *Lüke*, Sachenrecht, Rn. 563; *Lux* Jura 2004, 145, 146; *ders.* MDR 2008, 895, 896; *Meder/Czelk*, Sachenrecht, 132 und 135; *Medicus/Lorenz*, Schuldrecht II – BT, § 83 Rn. 287 i.V.m. § 94 Rn. 491; *Medicus/Petersen*, Bürgerliches Recht, Rn. 479; NK-BGB-*Meller-Hannich/Schilken*, § 929 Rn. 89; MünchKomm-*Oechsler*, § 929 Rn. 19; MünchKomm-*Westermann*, § 449 Rn. 33; Palandt/*Bassenge*, 72. Aufl. 2013, § 929 Rn. 31 i.V.m. Rn. 50; *Prütting*, Sachenrecht, § 33 Rn. 395; Prütting/Wegen/Weinreich/*Schmidt*, § 449 Rn. 14; ebenso a.a.O./*Prütting*, § 929 Rn. 20; *Raiser*, Dingliche Anwartschaften, S. 31 f.; *Schellhammer*, Sachenrecht, Rn. 1243; *Schlechtriem*, Schuldrecht BT, Rn. 153; *Schmidt-Recla* JuS 2002, 759, 762; *Schreiber* Jura 2001, 623, 625; *Schreiber*, Sachenrecht, 181 Rn. 327; *Serick*, Eigentumsvorbehalt und Sicherungsübereignung, Band I, S. 410 f.; Soergel/*Henssler*, Anhang zu § 929 Rn. 50 i.V.m. 93; Staudinger/*Beckmann*, § 449 Rn. 71; *Vieweg/Werner*, Sachenrecht, § 11 Rn. 61; *Weber*, Sachenrecht I, § 12 Rn. 46 i.V.m. Rn. 95; *Westermann/Gursky/Eickmann*, Sachenrecht, § 4 Rn. 13 i.V.m. § 43 Rn. 13; *Wilhelm*, Sachenrecht, Rn. 2351 f.; *Wolf/Wellenhofer*, Sachenrecht, § 14 Rn. 17; *Zeranski* AcP 203 (2003), 693, 712 f.

rechtfertigen lässt. Eine nähere Erläuterung dieser Position erfolgt weder im Schrifttum noch in der Rechtsprechung. Bevor versucht wird, mögliche Begründungsansätze zu entwickeln, werden die Grundlagen des Rücktrittsrechts nach § 323 BGB skizziert. Das gesetzliche Rücktrittsrecht des Vorbehaltsverkäufers hatte im alten Schuldrecht andere Voraussetzungen und Rechtsfolgen. Diese zusammenzutragen, ist für das Verständnis der hiesigen Problematik förderlich.

I. Gesetzliches Rücktrittsrecht des Verkäufers vor der Schuldrechtsreform

§ 326 Abs. 1 BGB alte Fassung (im Folgenden a.F.) lautet:

> „(1) [1]Ist bei einem gegenseitigen Vertrage der eine Teil mit der ihm obliegenden Leistung im Verzuge, so kann ihm der andere Teil zur Bewirkung der Leistung eine angemessene Frist mit der Erklärung bestimmen, daß er die Annahme der Leistung nach dem Ablaufe der Frist ablehne. [2]Nach dem Ablaufe der Frist ist er berechtigt, Schadensersatz wegen Nichterfüllung zu verlangen oder von dem Vertrage zurückzutreten, wenn nicht die Leistung rechtzeitig erfolgt ist; der Anspruch auf Erfüllung ist ausgeschlossen."

§ 455 Abs. 1 BGB a.F. lautet:

> „Hat sich der Verkäufer einer beweglichen Sache das Eigentum bis zur Zahlung des Kaufpreises vorbehalten, so ist im Zweifel anzunehmen, daß die Übertragung des Eigentums unter der aufschiebenden Bedingung vollständiger Zahlung des Kaufpreises erfolgt und daß der Verkäufer zum Rücktritt von dem Vertrag berechtigt ist, wenn der Käufer mit der Zahlung in Verzug kommt."

1. Der sofortige Rücktritt gemäß § 455 Abs. 1 BGB a.F.

Gemäß § 455 Abs. 1 BGB a.F. konnte der Verkäufer im Zweifel vom Vertrag zurücktreten, wenn der Käufer gemäß § 284 BGB a.F.[98] in Verzug mit der Zahlung des Kaufpreises oder der Kaufpreisrate war. § 455 Abs. 1 BGB a.F. befreite den Verkäufer von dem Erfordernis des § 326 Abs. 1 S. 1 BGB a.F., dem in Zahlungsverzug befindlichen Käufer eine Frist mit

98 Die Vorschrift ist im Großen und Ganzen mit dem heutigen § 286 BGB vergleichbar.

Ablehnungsandrohung setzen zu müssen. Der Verkäufer konnte demnach sofort zurücktreten, wenn § 455 Abs. 1 BGB a.F. erfüllt war.[99]

Der sofortige Rücktritt nach § 455 Abs. 1 BGB a.F. war für den Verkäufer mit Risiken verbunden und daher häufig keine gute Option.[100] Er hatte vor allem den Nachteil, dass der Verkäufer den Vertragsgewinn nicht realisieren konnte.[101] Dies war auch nicht über den Anspruch auf Schadensersatz wegen Nichterfüllung möglich, weil dieser nach erfolgtem Rücktritt ausgeschlossen war.[102]

2. Der Rücktritt nach Fristsetzung gemäß § 326 Abs. 1 S. 1 BGB a.F.

Der Verkäufer konnte dieser Gefahr dadurch entgehen, dass er nicht gemäß § 455 Abs. 1 BGB a.F., sondern nach der daneben anwendbaren Vorschrift des § 326 Abs. 1 S. 1 BGB a.F. vorging. Er konnte dem Käufer also eine Nachfrist mit Ablehnungsandrohung setzen und nach deren Ablauf zwar nicht mehr die Primärleistung verlangen (§ 326 Abs. 1 S. 2 BGB a.F.), aber, statt zurückzutreten, den auf das positive Interesse gerichteten Anspruch auf Schadensersatz wegen Nichterfüllung geltend machen. Das Erfordernis der Fristsetzung mit Ablehnungsandrohung fiel auch beim Vorbehaltskauf kaum zulasten des Verkäufers ins Gewicht.[103]

Ging der Verkäufer aber gemäß § 326 Abs. 1 S. 1 BGB a.F. vor, was der Regelfall gewesen sein dürfte, stellte sich die aufgeworfene Frage (Fortfall des Anwartschaftsrechts bei Rücktrittsmöglichkeit des Verkäufers) nicht. Der Verkäufer durfte nämlich im Zeitraum der gesetzten Frist nicht gemäß § 455 Abs. 1 BGB a.F. zurücktreten.[104] Mit Ablauf der Frist ging der Anspruch auf Erfüllung gemäß § 326 Abs. 1 S. 2 BGB a.F. unter.

---

99 So damals die fast einhellige Ansicht, vgl. nur BGHZ 54, 214, 220 (= NJW 1970, 1733, 1735) m.w.N.; *Lange* JuS 1971, 511, 513 f.; dagegen mit beachtlichen Argumenten *Bydlinski* JZ 1986, 1028 ff.

100 So heißt es zum Rücktritt nach § 455 BGB a.F. in BGHZ 54, 214 (= NJW 1970, 1733, 1735): „Ein Rücktritt vom Vertrag mag allerdings für den Vorbehaltsverkäufer bei Verzug des Käufers häufig nicht die günstigste Lösung darstellen.“.

101 Zu weiteren Risiken *Lange* JuS 1971, 511, 514.

102 So jedenfalls die damals herrschende Ansicht, vgl. statt vieler *Bülow* Jura 1986, 169, 172 m.w.N.

103 Richtig BGHZ 54, 214, 220 (= NJW 1970, 1733, 1735); zustimmend *Lange* JuS 1971, 511, 514.

104 Vgl. BGHZ 54, 214, 221 (= NJW 1970, 1733, 1735).

Der Fristablauf führte also zum Ausschluss der Kaufpreisschuld, sodass die Bedingung (Tilgung der Kaufpreisschuld) nicht mehr eintreten konnte. Folglich ging mit Fristablauf auch das Anwartschaftsrecht des Käufers unter.[105]

3. Das Problem im alten Schuldrecht

Die Frage, wie sich die Rücktrittsmöglichkeit des Verkäufers auf das Anwartschaftsrecht des Käufers auswirkt, stellte sich nur dann, wenn der Käufer mit der Kaufpreiszahlung in Verzug kam und der Verkäufer nicht gemäß § 326 Abs. 1 S. 1 BGB a.F. vorging. Denn mit dem Zahlungsverzug des Käufers entstand die Möglichkeit des Verkäufers, gemäß § 455 Abs. 1 BGB a.F. vom Vertrag zurückzutreten. Dieses Problem blieb praktisch unerörtert. Es findet sich nur der Hinweis, das Anwartschaftsrecht gehe nicht bereits mit dem Eintritt des Zahlungsverzugs des Käufers unter, sondern erst dann, wenn der Verkäufer zurücktritt, wobei insoweit auf die Grundsatzentscheidung *BGHZ* 54, 214 (= NJW 1970, 1733) verwiesen wird.[106] Dieses Urteil betrifft aber in erster Linie die (früher sehr umstrittene) Frage, ob der Verkäufer vom in Verzug befindlichen Käufer die Vorbehaltssache auch ohne Rücktritt vom Vertrag herausverlangen darf.[107] Der BGH verneint die Frage mit dem Kernargument, der Käufer behalte auch in diesem Fall sein kaufvertragliches Besitzrecht. Zum Anwartschaftsrecht findet sich nur eine Hilfserwägung:

> „Für die Beantwortung der anstehenden Frage [gemeint ist: Rücknahme der Vorbehaltssache ohne Rücktritt] macht es auch keinen Unterschied, ob man [...] dem Vorbehaltskäufer auf Grund seines dinglichen Eigentumsanwartschaftsrechtes ein absolutes Besitzrecht zuerkennt [...]. Ein solches würde mit diesem Anwartschaftsrecht enden. Das Anwartschaftsrecht erlischt aber [...] nur, wenn die Bedingung [...] entweder eintritt oder ausfällt. Durch bloßen Verzug des Vorbehaltskäufers fällt jedoch die Bedingung noch nicht aus. Denn der Verzug kann durch Zahlung behoben und durch sie kann die Bedin-

---

105 Vgl. nur BGHZ 54, 214, 217 (= NJW 1970, 1733, 1734).

106 So etwa *Lange* JuS 1971, 511 512; heute noch *Wolf/Wellenhofer*, Sachenrecht, § 14 Rn. 17; *Schmidt-Recla* JuS 2002, 759, 762, der zwar in der Fn. 47 als Fundstelle BGHZ 34, 197 angibt, aber nur BGHZ 54, 214 meinen kann. In BGHZ 54, 214, gab der *BGH* seine Position, die er noch in *BGHZ* 34, 197 (= NJW 1961, 1011), vertrat (Herausgabeanspruch bei Zahlungsverzug ohne Rücktritt) auf.

107 Siehe zu dieser Frage nur *Honsell* JuS 1981, 705, 709 ff. m.w.N.

> gung erfüllt werden. Dagegen steht, wenn der Verkäufer nach §§ 455, 326 BGB [a.F.] vorgeht, endgültig fest, daß die Bedingung nicht mehr eintreten kann.“[108]

Der *BGH* verdeutlicht mit dieser Hilfserwägung, dass auch die Literaturansicht, die ein Besitzrecht aus dem Anwartschaftsrecht herleitet, zum Fortbestand des Besitzrechts kommt, weil allein der Verzug das Anwartschaftsrecht nicht beseitigt. Mit der Frage, ob das Anwartschaftsrecht wegen der Rücktrittsmöglichkeit des Verkäufers erlischt, hat sich der *BGH* nicht näher beschäftigt. Vielmehr ist er von der Prämisse ausgegangen, das Anwartschaftsrecht werde hinfällig, wenn die Bedingung eintritt oder ausfällt. Dass diese Prämisse zweifelhaft ist, wurde bereits ausgeführt.[109] Wenn der *BGH* den Fortbestand des Anwartschaftsrechts damit begründet, der Verzug könne durch Zahlung enden und dadurch die Bedingung eintreten, dann geht er davon aus, dass der Verzug das einseitige Erfüllungsrecht des Käufers nicht beseitigt. Selbst wenn man diesen Standpunkt akzeptiert, was im modernisierten Schuldrecht nicht richtig erscheint[110], lässt sich nicht leugnen, dass der Verkäufer gemäß § 455 Abs. 1 BGB a.F. zurücktreten konnte, solange der im Verzug befindliche Käufer nicht erfüllte.

Dies verdeutlicht, dass bereits im alten Schuldrecht eine nähere Begründung angezeigt gewesen wäre, um den Fortbestand des Anwartschaftsrechts bei Zahlungsverzug des Käufers zu rechtfertigen.

II. Gesetzliches Rücktrittsrecht gemäß § 323 BGB

1. Tatbestand

Eine dem § 455 Abs. 1 BGB a.F. entsprechende Vorschrift kennt das geltende Kaufrecht nicht. Aus § 449 Abs. 2 BGB folgt, dass die allgemeine Rücktrittsregelung des § 323 BGB gelten soll. Der Verkäufer muss sich auf § 323 Abs. 1 BGB stützen, wenn er vom Vertrag wegen Nichtzahlung

---

108 BGHZ 54, 214, 217 (= NJW 1970, 1733, 1734 unten).

109 Siehe oben C. III. 4. b).

110 Dazu sogleich unter E. II. 3.

des fälligen Kaufpreises zurücktreten möchte.[111] Insbesondere muss er dem Käufer eine angemessene Frist zur Zahlung des Kaufpreises setzen, es sei denn, die Frist ist nach § 323 Abs. 2 BGB entbehrlich. Die Fristsetzung muss nicht mit einer Ablehnungsandrohung verbunden werden. § 323 Abs. 1 BGB setzt keinen Zahlungsverzug des Käufers gemäß § 286 BGB voraus, folglich auch kein Vertretenmüssen. Die praktische Bedeutung dieser Änderung hält sich in Grenzen, zum einen, weil die fehlende Zahlungsfähigkeit des Käufers nicht vom Vertretenmüssen entlastet, zum anderen, weil die Mahnung regelmäßig in der Nachfristsetzung enthalten sein wird.[112]

Beim Verbraucherkreditgeschäft in Form des entgeltlichen Zahlungsaufschubs bestehen bezogen auf das Rücktrittsrecht des Unternehmers Besonderheiten. Gemäß §§ 506 Abs. 3, 508 Abs. 2 S. 1 BGB kann der Unternehmer nur dann vom Vertrag zurücktreten, wenn die qualifizierten Voraussetzungen des § 498 S. 1 BGB vorliegen. Das sind (anders als in § 323 BGB): Schuldnerverzug gemäß § 286 BGB (das Vertretenmüssen wird gemäß § 286 Abs. 4 BGB vermutet) und die in § 498 Abs. 1 BGB genannten Rückstandquoten.[113]

2. Rechtsfolge: Schwebesituation nach Fristablauf

Auf der Rechtsfolgenseite ist die Feststellung besonders wichtig, dass der erfolglose Ablauf der Nachfrist nicht zum Ausschluss des Anspruchs auf Erfüllung führt (anders noch § 326 Abs. 1 S. 2 BGB a.F.).[114] Die Kaufpreisschuld bleibt bestehen. Da es insoweit nicht zum Bedingungsausfall kommt, darf dieser Grund nicht herangezogen werden, um den Untergang des Anwartschaftsrechts zu begründen. Allerdings entstehen mit Fristablauf alternativ neben dem Erfüllungsanspruch des Verkäufers die Sekundärrechtsbehelfe Rücktritt (§ 323 BGB) und Schadensersatzanspruch statt

---

111 Bei Verletzung einer Rücksichtspflicht gemäß § 241 Abs. 2 BGB seitens des Käufers müssen die Voraussetzungen des § 324 BGB, auf den nicht weiter eingegangen wird, vorliegen.

112 In diese Richtung nicht nur MünchKomm-*Westermann*, § 449 Rn. 32.

113 Näher dazu *Baur/Stürner*, Sachenrecht, § 59 Rn. 20 ff.; *Habersack/Schürnbrand*, JuS 2002, 833, 835.

114 Siehe BT-Drs. 14/6040, S. 139 f. (zu § 281 BGB) sowie S. 184 (zu § 323 BGB); *Jacobs*, FS für Otto, 137, 139; MünchKomm-*Ernst*, § 323 Rn. 143 sowie § 281 Rn. 67.

der Leistung (§ 281 BGB)[115], der ausgeschlossen ist, wenn § 280 Abs. 1 S. 2 BGB erfüllt ist. Der Zahlungsanspruch des Verkäufers erlischt erst, wenn er Schadensersatz statt der Leistung verlangt (§ 281 Abs. 4 BGB[116]) und/oder[117] zurücktritt (Rückabwicklung nach § 346 Abs. 1 BGB). Der Käufer muss sich demnach auf alle Optionen des Verkäufers einstellen, weil er nicht weiß, wie und wann der Verkäufer vorgehen wird. Deshalb wird die Phase zwischen dem Fristablauf und der Geltendmachung eines der genannten Rechte häufig als Schwebelage oder Schwebesituation bezeichnet.[118]

3. Einseitiges Erfüllungsrecht des Käufers nach Fristablauf

Lässt sich in der Schwebephase angesichts der aufgezeigten Lossagungsmöglichkeit des Verkäufers noch von einem Anwartschaftsrecht des Käufers sprechen? Wer ein Anwartschaftsrecht nur dann anerkennt, wenn der Käufer die Bedingung unabhängig von einem Verhalten des Verkäufers herbeiführen kann[119], wird zu entscheiden haben, ob die Möglichkeit der einseitigen Bedingungsherbeiführung seitens des Käufers auch in der Phase zwischen Fristablauf und Geltendmachung eines Sekundärrechts besteht. Wer das verneint, wird bereits aus diesem Grund ein Anwartschafts-

---

115 Nach herrschender Ansicht entsteht dieser Schadensersatzanspruch mit Fristablauf, vgl. nur: BT-Drs. 14/6040, 139 linke Spalte unten; BeckOK Bamberger/Roth/*Unberath*, 26. Edition 2011, § 281 Rn. 49; MünchKomm-*Ernst*, § 281 Rn. 67. Dies wird neuerdings bestritten von Staudinger/*Otto/Schwarze*, § 281 Rn. D 17 (wie die herrschende Ansicht noch in der 4. Aufl. 2004, Rn. B 32, D 7f.), nach deren Ansicht der Schadensersatzanspruch erst mit Zugang des Schadensersatzverlangens beim Schuldner kraft gesetzlicher Anordnung entstehe.

116 Im Gegenseitigkeitsverhältnis erlischt damit die Gegenleistungspflicht (hier die Übereignungspflicht des Verkäufers), siehe nur Staudinger/*Otto/Schwarze*, § 281 Rn. A 15.

117 Auf § 325 BGB, der nicht weiter interessieren soll, wird hingewiesen.

118 Ausführlich zu dieser Schwebesituation *Samhat*, Wahlschuld, S. 347 ff. m.w.N.

119 In der Literatur werden häufig Formulierungen verwendet, die für diese Annahme sprechen, siehe: *Bork*, BGB AT, § 29 Rn. 1281 (kein Anwartschaftsrecht, wenn Bedingungseintritt von einem Verhalten des Veräußerers abhänge); *Brehm/Berger*, Sachenrecht, § 31 Rn. 5 („Ob der Käufer Eigentum erwerben wird, liegt ganz in seiner Hand“); *Schreiber*, Sachenrecht, Rn. 327 („Allein das Verhalten des Käufers entscheidet darüber, ob es zum Eigentumsübergang kommt oder nicht.“); *Vieweg/Werner*, Sachenrecht, § 11 Rn. 34 (Vollendung des Erwerbs hänge nur noch vom Verhalten des Erwerbers selbst ab).

recht des Käufers ablehnen. Es wäre voreilig, ein Anwartschaftsrecht mit dem Argument zu bejahen, der Käufer könne jederzeit den fälligen Kaufpreis bezahlen und damit die Sekundärrechte des Verkäufers beseitigen. Diese Argumentation erinnert an den oben genannten Satz des *BGH*, der Käufer könne den Verzug durch Zahlung beenden und damit den Tatbestand des § 455 Abs. 1 BGB a.F. vernichten.[120] Auf das geltende Recht der §§ 323 Abs. 1, 281 Abs. 1 BGB, genauer: auf die Situation nach Fristablauf, lässt sich dieser Standpunkt nicht ohne Weiteres übertragen. Es besteht ein Streit, der hier nur angerissen werden kann. Während einige Autoren[121] ein einseitiges Erfüllungsrecht des Schuldners nach Fristablauf bejahen, geht die herrschende Meinung[122] zutreffend davon aus, dass ein solches Recht des Schuldners nicht bestehe.[123]. Es besteht ein Wertungswiderspruch, wenn man einerseits dem Gläubiger ein Wahlrecht einräumt, andererseits dem vertragsbrüchigen Schuldner auch noch nach Fristablauf erlaubt, dem Gläubiger die Primärleistung ‚quasi' aufzuzwingen. Hinzu kommt, dass nach der Gegenansicht ein ‚Wettlauf' zwischen dem Gläubiger und dem Schuldner entsteht, der nicht nur zu zufälligen Ergebnissen[124] führt, sondern auch den Gläubiger zu einer übereilten Entscheidung veranlassen kann.[125]

---

120 Diese Überlegung des *BGH* traf in der Tat auf § 326 Abs. 1 BGB a.F. zu, weil in der Phase, da die gesetzte Frist lief, der Verkäufer gegenüber dem Käufer ausdrücklich oder konkludent Zahlung verlangte.

121 Etwa *Faust*, in: FS für Huber, S. 239, 246; *Jacobs*, FS für Otto, S. 137, 141 i.V.m. 145 ff.

122 Statt vieler: BeckOK Bamberger/Roth/*Unberath*, 26. Edition 2011, § 262 Rn. 8; Erman/*Westermann*, § 281 Rn. 20; NK-BGB/*Dauner-Lieb*, § 281 Rn. 52; *Schwab* JR 2003, 133, 134; Staudinger/*Otto/Schwarze*, § 281 Rn. D 3. Der *BGH* NJW 2003, 1526, hat zum Werkvertragsrecht (*obiter dictum*) ein einseitiges Erfüllungsrecht des Werkunternehmers verneint; in der kaufvertraglichen Entscheidung *BGH* NJW 2006, 1198, hat er diese Frage ausdrücklich offen gelassen.

123 Die Kontroverse wird vorwiegend dann geführt, wenn der Verkäufer (Schuldner) nicht innerhalb der vom Käufer (Gläubiger) gesetzten Frist die Kaufsache liefert oder gemäß § 439 Abs. 1 BGB nacherfüllt. Dann stellt sich die Frage, ob der Verkäufer auch noch nach Fristablauf das einseitige Recht hat, durch Anbietung oder Erbringung der Sachleistung dem Käufer die Sekundärrechte aus der Hand zu schlagen, ausführlich zum Streit *Samhat*, Wahlschuld, S. 351 ff. m.w.N.

124 Ebenso *Finn* ZGS 2004, 32, 35; *Hanau* NJW 2007, 2806, 2808; Staudinger/*Otto/Schwarze*, § 281 Rn. D 3.

125 Richtig Staudinger/*Otto/Schwarze*, § 281 Rn. D 3, ebenso nunmehr Erman/*Westermann*, § 281 Rn. 20.

Allerdings werden auch diejenigen, die ein einseitiges Abwendungsrecht des Käufers nach Fristablauf bejahen, zugeben, dass der Verkäufer bis zur Zahlung bzw. bis zum Zahlungsangebot des Käufers zurücktreten und/oder Schadensersatz verlangen darf. Deshalb bleibt die Frage im Raum, wie sich diese Lossagungsmöglichkeit auf das Anwartschaftsrecht auswirkt.

Nochmals: Diese Frage darf nicht mit der Frage verwechselt werden, ob der Verkäufer vom Käufer die Kaufsache auch ohne Rücktritt vom Vertrag herausverlangen darf. § 449 Abs. 2 BGB verneint dies und stellt damit klar, dass das vertragliche Besitzrecht des Käufers bis zum wirksamen Rücktritt des Verkäufers bestehen bleibt. Demgegenüber enthält das BGB zum Schicksal des Anwartschaftsrechts in der Schwebesituation keine Regelung. Theoretisch ist es denkbar, dass das Anwartschaftsrecht des Käufers erlischt, während sein bedingtes Eigentum fortbesteht.[126]

4. Isolierte Ausübung des sachenrechtlichen Eigentumsvorbehalts nach Fristablauf

Anzusprechen ist noch die Befugnis des Verkäufers, das Anwartschaftsrecht zu beseitigen durch eine isolierte Geltendmachung des sachenrechtlichen Eigentumsvorbehalts, in der zugleich ein Widerruf der dinglichen Einigung liegt.[127] Mit dieser Vorgehensweise beseitigt der Verkäufer zwar das Anwartschaftsrecht, hält aber an dem Kaufvertrag fest, sodass der Käufer sein kaufvertragliches Besitzrecht behält.[128] Die Sachübereignung setzt aber dann voraus, dass das Verfügungsgeschäft erneut vorgenommen wird.[129] Damit kann der Verkäufer Druck auf den Käufer ausüben, den Kaufpreis zu bezahlen.[130]

Wenn aber ausgeführt wird, Voraussetzung für den Widerruf der dinglichen Einigung seitens des Verkäufers sei nicht der Ablauf einer nach § 323 Abs. 1 BGB gesetzten Nachfrist, sondern allein der Umstand, dass

---

126 Siehe oben C. III. 4. c).

127 Damit beschäftigt sich *Bülow* DB 2002, 2090 f.; *ders.*, Recht der Kreditsicherheiten, Rn. 748; zum alten Schuldrecht *Rinke*, Anwartschaftsrecht, S. 170 m.w.N.

128 Zutreffend *Bülow* DB 2002, 2090, zustimmend MünchKomm-*Westermann*, § 449 Rn. 33 m.w.N.

129 *Bülow* DB 2002, 2090.

130 *Bülow* DB 2002, 2090, 2091.

der Käufer die fällige Zahlung nicht tätige[131], ist dem nur zuzustimmen, wenn insoweit ein Fall der Entbehrlichkeit der Fristsetzung nach § 323 Abs. 2 BGB vorliegt. Ist das nicht der Fall, sollte auf das Erfordernis einer Fristsetzung nicht verzichtet werden. Wenn *Bülow*[132] meint, das fristlose Abgehen von der dinglichen Einigung sei auch in diesem Fall mit dem Wesen des Eigentumsvorbehalts vereinbar, und sich insoweit auf *Rinkes*[133] Dissertation aus dem Jahre 1998 bezieht, ist darauf zu erwidern, dass *Rinkes* Ausführungen in diesem Sachzusammenhang den Zahlungsverzug des Käufers voraussetzen.[134]

Der Gedanke, der Verkäufer könne bei *Zahlungsverzug* des Käufers isoliert und fristlos den Eigentumsvorbehalt ausüben und damit das Anwartschaftsrecht beseitigen, stimmte im alten Schuldrecht mit der Wertung des § 455 Abs. 1 BGB a.F. überein, der bei Zahlungsverzug des Käufers dem Verkäufer den sofortigen Rücktritt erlaubte. Und in der Tat: Hat der Verkäufer die Befugnis, vom Vorbehaltskaufvertrag abzugehen, dann ist es durchaus legitim, aus dem Wesen des Eigentumsvorbehalts das Recht des Verkäufers zur isolierten Beseitigung der dinglichen Einigung zu ziehen. *Bülow* schießt aber über die gesetzliche Wertung hinaus, wenn er dem Verkäufer das Recht einräumt, er könne ohne Zahlungsverzug des Käufers und ohne vorherige Fristsetzung isoliert den Eigentumsvorbehalt beseitigen. Dafür gab es im alten Schuldrecht keine Rechtsgrundlage. Aber auch das modernisierte Schuldrecht gewährt meines Erachtens nur dem Verkäufer, der zugleich rücktrittsberechtigt ist, ein solches Recht.

Diese Wertung lässt sich wie folgt begründen: Wie bereits ausgeführt, spielt die Bindungswirkung des Vorbehaltskaufvertrages auch für die Unwiderruflichkeit der dinglichen Einigung eine wichtige Rolle.[135] Das Ausbleiben der fälligen Zahlung allein führt zu keiner Lockerung der kaufvertraglichen Bindung. Das ändert sich in dem Moment, in dem die dem Käufer gesetzte Zahlungsfrist erfolglos abläuft. Mit Fristablauf tritt eine Lockerung der kaufvertraglichen Bindung zugunsten des Verkäufers ein,

---

131 So *Bülow* DB 2002, 2090 m.w.N.

132 *Bülow* DB 2002, 2090 Fn. 8.

133 Vgl. *Rinke*, Anwartschaftsrecht.

134 So spricht *Rinke*, Anwartschaftsrecht, auf Seite 169 von: „Käufer nicht zum vereinbarten Termin zahlt" oder „mit nur einer Rate kurzfristig in Verzug gerät". Sie formuliert auf S. 172, der Verkäufer müsse dem Käufer vorher eine angemessene Frist setzen, wenn die Parteien ausnahmsweise keine feste Zeitbestimmung für die Zahlung vereinbart haben.

135 Siehe oben C. III. 1.

weil dieser neben dem weiterhin bestehenden Zahlungsanspruch alternativ die Befugnisse erhält, vom Kaufvertrag zurückzutreten und/oder Schadensersatz statt der Leistung zu verlangen. Erst mit dieser Lockerung des Kaufvertrages geht die Lockerung der Unwiderruflichkeit der dinglichen Einigung einher. Dies ist interessengerecht: Die Fristsetzung belastet den Verkäufer kaum und ist ihm nicht nur deshalb zuzumuten, weil diese bei einem Zahlungsanspruch kurz sein darf (im Einzelfall kann eine nach Stunden bemessene Frist angemessen sein)[136], sondern auch, weil diese Wertung mit der Intention des Gesetzgebers übereinstimmt, durch die Abschaffung des § 455 Abs. 1 BGB a.F. (Rücktrittsmöglichkeit ohne Fristsetzung bei Zahlungsverzug) und die Einführung des § 449 Abs. 2 BGB dem Fristsetzungserfordernis des § 323 Abs. 1 BGB mehr Geltung zu verschaffen.[137] Im Übrigen kommt die Fristsetzung auch dem Verkäufer zugute. Er kann mit ihr noch mehr Zahlungsdruck auf den Käufer ausüben, weil er nach Fristablauf wählen darf, ob er isoliert die dingliche Einigung widerruft, zurücktritt und/oder Schadensersatz statt der Leistung verlangt oder erneut die Primärleistung geltend macht.

5. Zwischenfazit

Nach erfolglosem Ablauf der dem Käufer gesetzten Zahlungsfrist bleibt der Erfüllungsanspruch des Verkäufers bestehen. Alternativ dazu darf der Verkäufer zurücktreten und/oder Schadensersatz statt der Leistung verlangen. Er kann aber auch den Eigentumsvorbehalt geltend machen und damit das Anwartschaftsrecht beseitigen. In der Schwebesituation hat der Käufer nach zutreffender Ansicht kein einseitiges Erfüllungsrecht.

III. Kein Anwartschaftsrecht bei Rücktrittsmöglichkeit des Verkäufers

Wegen der Rücktrittsmöglichkeit des Verkäufers und des Umstands, dass der Käufer mit Fristablauf sein einseitiges Erfüllungsrecht verliert, besteht bei unvoreingenommener Anwendung der herrschenden Definition kein

---

136 MünchKomm-*Ernst*, § 323 Rn. 75. Diese Wertung brachte *Bydlinski* JZ 1986, 1028, 1030 rechte Spalte, bereits früher vor, um einen fristlosen Rücktritt gemäß § 455 BGB a.F. abzulehnen und § 326 BGB a.F. anzuwenden.

137 Siehe BT-Drs. 14/6040, 241 rechte Spalte oben.

Anwartschaftsrecht. Nachfolgend wird darüber nachgedacht, ob überzeugende Begründungsansätze gefunden werden können, die den Fortbestand des Anwartschaftsrechts auch in der Schwebesituation rechtfertigen. Dabei wird davon ausgegangen, dass dem Verkäufer ein Rücktrittsrecht nach § 323 Abs. 1 BGB zusteht. Es wird somit nicht nur unterstellt, dass die Rücktrittsvoraussetzungen vorliegen[138], sondern auch, dass das Rücktrittsrecht nicht nach § 323 Abs. 5 oder Abs. 6 BGB ausgeschlossen ist.

1. Zeitlicher Bezugspunkt der Anwartschaftsrechtsdefinition

Ausgehend von einigen Formulierungen im Schrifttum ist ungewiss, ob die Voraussetzungen der eingangs genannten Definition des Anwartschaftsrechts ausschließlich für den Entstehungstatbestand des Anwartschaftsrechts oder auch für dessen Fortbestehen gelten. Während einige Autoren die Definition mit den Worten beginnen: Das Anwartschaftsrecht ‚entsteht'[139], schreiben andere: Das Anwartschaftsrecht ‚besteht'[140] oder ‚liegt vor'[141]. Ob mit den Formulierungen tatsächlich auf einen unterschiedlichen zeitlichen Bezugspunkt abgestellt werden soll, ist zu bezweifeln. Die Wichtigkeit dieser Unterscheidung bleibt unerwähnt. Es ist aber durchaus von Bedeutung, ob die strengen Erfordernisse nur für den Entstehungstatbestand des Anwartschaftsrechts maßgebend sind oder auch für dessen Fortbestand.

Um das Anwartschaftsrecht trotz der Rücktrittsmöglichkeit des Verkäufers aufrechtzuerhalten, könnte man wie folgt argumentieren: Die herrschende Definition eines Anwartschaftsrechts beziehe sich lediglich auf den Zeitpunkt des Zustandekommens des Anwartschaftsrechts und nicht zugleich auf dessen Fortbestand. Das Anwartschaftsrecht komme zustande, sobald der Käufer eine ‚gesicherte Rechtsposition' habe, die der Verkäufer nicht einseitig beseitigen könne. Ab diesem Zeitpunkt seien die An-

---

138 Dies gilt auch für die qualifizierten Rücktrittsvoraussetzungen beim Verbraucherkreditgeschäft in Form des entgeltlichen Zahlungsaufschubs (§§ 506 Abs. 3, 508 Abs. 2 S. 1, 498 S. 1 BGB).

139 So etwa *Füller*, Sachenrecht, 92; *Lüke*, Sachenrecht, § 14 Rn. 562; *Meder/Czelk*, Sachenrecht, 134; *Oetker/Maultzsch*, Vertragliche Schuldverhältnis, § 2 Rn. 444; *Schellhammer*, Sachenrecht, Rn. 1226 i.V.m. 1229.

140 Vgl. *Weber*, Sachenrecht I, § 14 Rn. 1: „Vom Bestehen eines Anwartschaftsrechts".

141 Etwa *Leible/Sosnitza* Jus 2001, 341; *Schreiber*, Sachenrecht, 181 Rn. 327.

forderungen an die ‚gesicherte Rechtsposition' insoweit herunterzustufen, als die Rücktrittsmöglichkeit des Verkäufers nicht genüge, um das Anwartschaftsrecht zu beseitigen. Vielmehr müsse gewiss sein, dass die Bedingung ausgefallen sei, was erst dann der Fall sei, wenn der Verkäufer wirksam zurücktrete. Dies sei gerechtfertigt, weil das Anwartschaftsrecht des Käufers als ‚wesensgleiches Minus zum Eigentum' ein so starkes Recht sei, dass sein Fortfall nicht bereits mit der bloßen Rücktrittsmöglichkeit eintreten dürfe.

Das letzte Argument ist zurückzuweisen. Aus dem Begriff Anwartschaftsrecht dürfen keine Rechtsfolgen abgeleitet werden.[142] Es ist ein Zirkelschluss, wenn aus dem Anwartschaftsrecht die Rechtsbeständigkeit der Position des Erwerbers gefolgert wird, während diese doch gerade die Voraussetzung für jenes ist.[143] Mit anderen Worten: Nicht weil ein Anwartschaftsrecht besteht, ist von einer ‚gesicherten Rechtsposition' des Käufers auszugehen. Vielmehr gilt: Nur wenn eine ‚gesicherte Rechtsposition' des Käufers vorliegt, steht ihm ein Anwartschaftsrecht zu. Ob eine solche Position vorliegt, steht gerade in Frage.

Nicht nur aus diesem Grund ist auch die Grundüberlegung zurückzuweisen, die Definition beziehe sich ausschließlich auf den Zeitpunkt des Zustandekommens des Anwartschaftsrechts. Es überrascht nicht, dass die Differenzierung zwischen den Zeitpunkten Zustandekommen und Fortbestand des Anwartschaftsrechts weder von der Rechtsprechung noch von der Lehre vorgeschlagen wird. Sie wirkt gekünstelt und berücksichtigt nicht, dass der gestreckte Eigentumserwerb, also der Zeitraum bis zur vollständigen Kaufpreiszahlung, ein Dauerzustand ist. Mit einem Anwartschaftsrecht trotz Rücktrittsmöglichkeit des Verkäufers ginge einher die Notwendigkeit, zwei Definitionen für das Anwartschaftsrecht aufzustellen, eine, die das Zustandekommen betrifft, und eine, die die Position des Käufers bis zum Bedingungseintritt oder -ausfall beschreibt. Ein Anwartschaftsrecht im Sinne der zweiten Definition würde keine ‚gesicherte Rechtsposition' des Käufers voraussetzen. Insoweit läge eine Modifizierung der eingangs genannten Anwartschaftsrechtsdefinition vor, die hier abgelehnt wird. Demzufolge beziehen sich die Erfordernisse der herrschenden Definition auch auf den Fortbestand des Anwartschaftsrechts,

---

142 Vgl. *Medicus/Petersen*, Bürgerliches Recht, Rn. 487; zustimmend nicht nur *Brox* JuS 1984, 657, 658; *Wilhelm*, Sachenrecht, Rn. 2329.

143 So (nahezu wörtlich) *Wilhelm*, Sachenrecht, Rn. 2329; ebenso nicht nur *Medicus/Petersen*, Bürgerliches Recht, Rn. 487.

sodass dieses von der Rechtsordnung anerkannt wird, solange alle Definitionsmerkmale erfüllt sind. Dies ist bezogen auf die ‚gesicherte Rechtsposition' des Käufers dann nicht mehr der Fall, wenn dem Verkäufer ein Rücktrittsrecht zusteht.

2. Die ‚Einseitigkeit' der Rücktrittsmöglichkeit des Verkäufers

Möglicherweise lässt sich das Anwartschaftsrecht mit folgender Überlegung retten: Für die Bewertung der ‚einseitigen' Rücktrittsmöglichkeit des Verkäufers sei maßgebend, ob diese infolge eines Verhaltens des Käufers oder losgelöst davon bestehe. Eine ‚Einseitigkeit' der Rücktrittsmöglichkeit des Verkäufers, die zum Erlöschen des Anwartschaftsrechts führe, liege nur vor, wenn sie ohne Zutun des Käufers bestehe. Ausgehend davon sei bei § 323 Abs. 1 BGB eine ‚Einseitigkeit' abzulehnen, weil der Käufer durch die Nichtzahlung innerhalb der Frist die Rücktrittsmöglichkeit des Verkäufers ausgelöst habe. In diesem Fall gehe das Anwartschaftsrecht erst mit dem wirksamen Rücktritt unter. Das Anwartschaftsrecht sei aber dann zu verneinen, wenn die Rücktrittsmöglichkeit des Verkäufers ohne Zutun des Käufers bestehe. Denkbar sei dieser Fall, wenn es bei einer Finanzierung, die auf eine gewisse Dauer angelegt sei, zu einer vom Käufer nicht veranlassten Störung der Geschäftsgrundlage komme, die den Verkäufer benachteilige und die nicht durch Anpassung des Vertrages beseitigt werden könne. In diesem Fall habe der Verkäufer die Möglichkeit, gemäß § 313 Abs. 3 S. 1 BGB vom Vertrag zurückzutreten.

Mit der entwickelten Argumentation kann das Problem nicht überzeugend gelöst werden. Aus der Definition des Anwartschaftsrechts lässt sich zur Ursächlichkeit der Lossagungsmöglichkeit des Veräußerers nichts entnehmen. Zudem fällt auf, dass diese Überlegung zu sehr in der Phase bis zum Ablauf der Nachfrist verhaftet ist. In dieser Phase ist es durchaus richtig, wenn zur Bejahung des Definitionsmerkmals ‚gesicherte Rechtsposition' formuliert wird, die ‚schuldrechtliche Schwäche' dieser Rechtsposition wirke sich für den Käufer nur dann nachteilig aus, wenn er selbst durch mangelnde Vertragstreue dem Verkäufer einen Rücktrittsgrund liefere.[144] Denn in der Tat wäre es des Guten zu viel, eine ‚gesicherte

144 So (nahezu wörtlich) BeckOK Bamberger/Roth/*Kindl*, § 929 Rn. 73; ähnlich *Schreiber* Jura 2001, 623, 625; *Schwerdtner* Jura 1980, 661; *Westermann/Gursky/Eickmann*, Sachenrecht, § 43 Rn. 14.

Rechtsposition‘ des Käufers nur deshalb abzulehnen, weil nicht gänzlich ausgeschlossen werden kann, dass er in Zukunft die Kaufpreisraten nicht wird zahlen können. Erst recht geht es nicht an, wenn im Zusammenhang mit § 313 Abs. 3 S. 1 BGB aufgrund einer ‚abstrakten Gefahr‘, die sich irgendwann in der Zukunft verwirklichen könnte, formuliert wird, da es nicht sicher sei, ob der Käufer Eigentümer werde, könne streng genommen kein Anwartschaftsrecht im Sinne der herrschenden Definition bejaht werden.[145] Dagegen darf zunächst der *BGH* sprechen, der beim Grundstückserwerb zu der Frage, ob § 17 GBO die Annahme eines Anwartschaftsrechts des Auflassungsempfängers ausschließt, ausführt:

> „Das Erfordernis einer gesicherten Rechtsposition bedeutet nicht, daß ihre Zerstörung unter allen Umständen ausgeschlossen sein muß – in diesem Sinn ist nicht einmal das Eigentum selbst gesichert, da es durch gutgläubigen Erwerb eines Dritten zerstört werden kann -; auch für ein Anwartschaftsrecht genügt es, wenn die Beeinträchtigung der Rechtsposition nach dem normalen Verlauf der Dinge[[146]] ausgeschlossen ist.“[147]

Dem ist zuzustimmen. Allein die ‚abstrakte Gefahr‘, der Verkäufer könne in der Zukunft ein Rücktrittsrecht erlangen, rechtfertigt nicht die Ablehnung einer gesicherten Rechtsposition des Käufers. Die Definition ‚gesicherte Rechtsposition des Erwerbers, die der Veräußerer nicht mehr durch einseitige Erklärung zerstören kann‘ ist wie folgt zu verstehen. Solange kein Rücktrittsgrund zugunsten des Verkäufers besteht, kann er die Rechtsposition des Käufers nicht durch einseitige Erklärung zerstören. Maßgebend für die Bewertung der ‚gesicherten Rechtsposition‘ des Käufers ist demnach, ob in dem zu beurteilenden Zeitabschnitt tatsächlich eine Rücktrittsmöglichkeit des Verkäufers besteht. Ist dies der Fall, dann hat der Käufer keine ‚gesicherte Rechtsposition‘. Ob der Käufer die Rücktrittsmöglichkeit des Verkäufers verursacht hat oder nicht, ist unerheblich. Ferner ist ein Wertungswiderspruch zu verzeichnen: Der Gedanke, der vertragswidrig (nicht zwingend schuldhaft) handelnde Käufer verliere sein Anwartschaftsrecht deshalb nicht, weil er die Rücktrittsmöglichkeit des Verkäufers verursacht habe, führt zu einer nicht gerechtfertigten Privile-

---

145 So *Hofmann*, Anwartschaftsrechte, S. 32.

146 Was der „normale Verlauf der Dinge“ in der Schwebesituation nach Fristablauf ist, also wie der Verkäufer vorgehen wird, lässt sich nicht sagen, was wiederum für den Fortfall des Anwartschaftsrechts spricht.

147 *BGH* NJW 1968, 493, 494.

gierung gegenüber dem Käufer, der die Rücktrittsmöglichkeit des Verkäufers in keiner Weise veranlasst hat.

Wer trotz dieser Bedenken die Ursächlichkeit des Käuferverhaltens für maßgebend erachtet, modifiziert (un-)bewusst die Anwartschaftsrechtsdefinition.

3. Fortbestand des Anwartschaftsrechts bei rechtsgeschäftlicher Einräumung

Wer entgegen der hier vertretenen Ansicht[148] meint, das Anwartschaftsrecht werde stets rechtsgeschäftlich im Wege einer weiteren sachenrechtlichen Einigung begründet, könnte zur Wahrung des Anwartschaftsrechts wie folgt vortragen: Der Ablauf der dem Käufer gemäß § 323 Abs. 1 BGB gesetzten Frist führe *ipso iure* weder zum Wegfall des Erfüllungsanspruchs noch zum Fortfall der sachenrechtlichen Einigung (Verfügungsgeschäft). Mithin bleibe nach Fristablauf auch das Rechtsgeschäft bestehen, mit dem das Anwartschaftsrecht begründet worden sei. Wolle der Verkäufer daran etwas ändern, müsse er vom Kaufvertrag zurücktreten, Schadensersatz statt der Leistung verlangen oder die dingliche Einigung widerrufen.[149] Der Verkäufer, der in der Zeit nach Fristablauf untätig bleibe, halte nicht nur an dem Kaufvertrag fest, sondern auch an der dinglichen Einigung. Deshalb erkläre der noch nicht handelnde Verkäufer konkludent, er wolle dem Käufer das Anwartschaftsrecht (noch) nicht entziehen.

Die vorgetragene Überlegung ist in sich schlüssig. Doch auch diejenigen, die von einer rechtsgeschäftlichen Begründung des Anwartschaftsrechts ausgehen, werden zugeben, dass der Verkäufer mit Fristablauf die Möglichkeit erhält, das Anwartschaftsrecht durch Willenserklärung zu beseitigen, sodass keine ‚gesicherte Rechtsposition' des Käufers besteht. Wenn sie dennoch ein Anwartschaftsrecht wegen der fortwährenden rechtsgeschäftlichen Überlassung desselben annehmen, entfernen sie sich von der Definition des Anwartschaftsrechts. Problematisch ist diese Entfernung deshalb, weil dann das Anwartschaftsrecht allein von der Parteiabrede getragen wird. Man kommt dann in Konflikt mit dem Typenzwang

---

148 Dazu oben C. III. 5.

149 Siehe oben E. II. 4. zum Gedanken, dass der Verkäufer durch isolierte Geltendmachung des Eigentumsvorbehalts das Anwartschaftsrecht des Käufers vernichten kann.

des Sachenrechts, der nach herrschender Meinung auch für bewegliche Sachen gilt.[150] Wenn aber das auf dem Gewohnheitsrecht beruhende Anwartschaftsrecht gelegentlich mit dem Vorwurf angegriffen wird, diese Rechtsfortbildung überschreite den Rahmen des *numerus clausus* der Sachenrechte[151], dann muss dieser Vorwurf umso mehr gelten, wenn die Ansicht vertreten wird, das Anwartschaftsrecht werde ausschließlich von der Parteiabrede getragen. Die Parteien würden nämlich ein dinglich wirkendes Recht begründen, das die Rechtsordnung nicht kennt.[152]

4. Lehre vom abstrakten Anwartschaftsrecht

Die Lehre von der schuldrechtlichen Abhängigkeit des Anwartschaftsrechts wird von der vereinzelt vertretenen Lehre vom abstrakten Anwartschaftsrecht abgelehnt. Nach dieser Lehre ist das Anwartschaftsrecht abstrakter Natur, weil die Bedingung eine solche des dinglichen Rechtsgeschäfts ist.[153] Jedoch ziehen die Anhänger dieser Lehre daraus für die Existenz des Anwartschaftsrechts unterschiedliche Konsequenzen. Vereinzelt wird trotz Nichtigkeit des Kaufvertrages das Anwartschaftsrecht angenommen, weil der Verkäufer die Zahlung einer Geldsumme in Höhe des Kaufpreises annehmen könne; dadurch werde der Bedingungseintritt bewirkt.[154] Verweigere jedoch der Verkäufer wegen der Nichtigkeit des Kaufvertrages die Annahme des Geldes, erlösche das Anwartschaftsrecht

---

150 Siehe nur *Brehm/Berger*, Sachenrecht, § 1 Rn. 38; a.A. *Wieling*, Sachenrecht, § 1 II 3 m.w.N. (Typenzwang beziehe sich nicht auf bewegliche Sachen).

151 Vgl. etwa *Wilhelm*, Sachenrecht, Rn. 2329; *Westermann/Gursky/Eickmann*, Sachenrecht, § 4 Rn. 13, sprechen von einer gelungenen „Rechtsfortbildung, die sich ua über den numerus clausus der Sachenrechte hinweggesetzt hat [...]". Erhellend auch HKK/*Finkenauer*, § 158-163 Rn. 26; Staudinger/*Bork*, Vorbem zu §§ 158 ff Rn. 63. Letztlich dürfte die Ansicht überzeugen, die darauf hinweist, dass nur die parteirechtliche Neuschaffung eines Sachenrechts nicht mit dem Typenzwang vereinbar sei, nicht die gewohnheitsrechtliche Anerkennung seitens der Rechtsordnung, vgl. *Brehm/Berger*, Sachenrecht, § 31 Rn. 19; *Liebs* AcP 175 (1975), 1, 26 f.; weitere Nachweise dazu HKK/*Finkenauer*, §§ 158-163 Rn. 26 i.V.m. Fn. 129.

152 Das wird als unzulässig angesehen, vgl. nur *Baur/Stürner*, Sachenrecht, § 1 Rn. 7.

153 Etwa *Bülow*, Recht der Kreditsicherheiten, Rn. 774; *Marotzke* AcP 186 (1986), 491, 511 f.; *Wieling*, Sachenrecht, § 17 II. 2. d).

154 Vgl. *Minthe*, Übertragung des Anwartschaftsrechts, S. 77 f.; *Wilhelm*, Sachenrecht, Rn. 2336 Fn. 3552.

wegen des endgültigen Bedingungsausfalls.[155] Dieser Standpunkt nimmt also eine mittelbare Abhängigkeit des Anwartschaftsrechts vom Kaufvertrag an.[156] Andere plädieren für ein rein abstraktes Anwartschaftsrecht, weil der Verkäufer die Zahlung einer Geldsumme in Höhe des Kaufpreises (den Bedingungseintritt) nicht verhindern könne, wenn die Summe überwiesen werde.[157] Der Verkäufer könne nur über § 812 Abs. 1 S. 1 Var. 1 BGB das Eigentum und den Besitz wiedererlangen.[158]

Man könnte vermuten, für die Lehre vom abstrakten Anwartschaftsrecht stelle sich das aufgeworfene Problem nicht. Denn wenn nach dieser Lehre das Anwartschaftsrecht unabhängig von der Existenz des Kaufvertrages bestehe, müsse dies erst recht gelten, wenn der Verkäufer nur die Möglichkeit hat, zurückzutreten.

Das ist richtig, sofern man nur den Kaufvertrag in Bezug nimmt. Sachenrechtlich zeigt sich aber ein anderes Bild. Auch nach der Lehre vom ‚abstrakten' Anwartschaftsrecht ist anerkannt, dass der Verkäufer spätestens mit Ablauf der Nachfrist das Recht hat, das Anwartschaftsrecht durch isolierten Widerruf der dinglichen Einigung zu beseitigen.[159] Bei gleichbleibendem Problem ändert sich nur die Formulierung der Frage: Ist ein Anwartschaftsrecht anzuerkennen, wenn der Verkäufer die Möglichkeit hat, die dingliche Einigung zu widerrufen? Erneut lautet die Antwort: Nein!

---

155 Siehe vorherige Fn.

156 Zutreffend *Hofmann*, Anwartschaftsrechte, S. 28 m.w.N.; vgl. auch *Marotzke* AcP 186 (1986), 490, 511 f.

157 *Rinke*, Anwartschaftsrecht, S. 186, die auch erkennt, dass eine Überweisung gegen den Willen des Verkäufers wegen § 162 Abs. 2 BGB nicht zum Bedingungseintritt führen wird. Weiterführend zu § 162 BGB in diesem Zusammenhang *Marotzke* AcP 186 (1986), 491, 511 f. Im Übrigen wendet *Hofmann*, Anwartschaftsrechte, 29, zu Recht ein, dass nicht jeder Verkäufer zwingend ein Bankkonto führt bzw. angibt.

158 Siehe *Rinke*, Anwartschaftsrecht, 184 f.; *Bülow*, Recht der Kreditsicherheiten, Rn. 774; *Wieling*, Sachenrecht, § 17 V. c.

159 Dazu mit entsprechenden Nachweisen oben E. II. 4.

5. Auslegungstradition als Argument für den Fortbestand des Anwartschaftsrechts

Die einhellige Ansicht geht seit Jahrzehnten davon aus, das Anwartschaftsrecht erlösche erst mit dem wirksamen Rücktritt. Nun könnte man meinen, dieses Verkehrsverständnis sei deshalb zugrunde zu legen, weil es das Resultat einer langen Auslegungstradition sei.[160]

Dieser Gedanke ist aus zwei Gründen abzulehnen. Zum einen kann dieses Auslegungsverständnis nicht überzeugen. Das Argument ist eine *petitio principii* und bereits aus diesem Grund nicht stichhaltig. Denn selbst wenn eine solche Auslegungstradition bestünde, bedeutete das nicht, dass diese Tradition über jede Kritik erhaben sei, auch nicht, dass die Tradition ein Beweis für die Richtigkeit des daraus folgenden Verkehrsverständnisses sei. Zum anderen ist zu bezweifeln, dass bezogen auf die aufgeworfene Frage tatsächlich eine Auslegungstradition besteht. Eine Auslegungstradition kann nur entstehen, wenn ausgelegt wird. Aus der Formulierung, das Anwartschaftsrecht erlösche erst mit dem wirksamen Rücktritt des Verkäufers, lässt sich nicht zwingend schließen, die einhellige Ansicht habe die Auswirkungen der Schwebesituation auf das Anwartschaftsrecht hinreichend reflektiert und sei zu dem begründeten Ergebnis gekommen, das Anwartschaftsrecht bestehe auch in der Schwebesituation fort. Zu beobachten ist vielmehr, dass eine argumentative Auseinandersetzung mit dieser Frage, die erst mit der Schuldrechtsmodernisierung deutlich hervorgetreten ist[161], nicht stattfindet. Vielmehr wird vorausgesetzt, das Anwartschaftsrecht gehe wie das bedingte Eigentum erst unter, wenn die Bedingung nicht mehr eintreten könne. Damit wird das Problem übersehen oder nicht hinreichend gewürdigt, sodass insoweit keine Auslegungstradition besteht.

6. Ökonomische Betrachtung

Der Fortbestand des Anwartschaftsrechts während des Schwebezustands lässt sich auch nicht mit einer wirtschaftlichen Überlegung rechtfertigen.

160 Diese Argumentationslinie ist angedeutet bei *Gursky* AcP 199 (1999), 373, 374, im Zusammenhang mit der Frage, ob das Anwartschaftsrecht vom Bestand des Kaufvertrages abhängt.

161 Vgl. oben E. I. und II.

In der Praxis genießt die Position des Käufers, der eine Sache unter Eigentumsvorbehalt erworben hat, insbesondere wegen seiner ‚gesicherten Rechtsposition', die der Verkäufer nicht einseitig beseitigen kann, einen verkehrsfähigen Vermögenswert, der mit jeder gezahlten Rate steigt. Gerade dieser wirtschaftliche Aspekt führte zur Bereitschaft der Rechtsprechung, die vermögenswerte Käuferposition zu einer rechtlich geschützten Position zu erheben[162], zu einem Anwartschaftsrecht, das nicht nur einen erheblichen Schutz genießt, sondern auch isoliert auf Dritte übertragen werden kann, gepfändet werden darf und so weiter. Mit der Rücktrittsmöglichkeit des Verkäufers verliert diese Vermögensposition des Käufers erheblich an Wert. Dies wird schnell deutlich, wenn man fragt: Bekäme der Käufer einen Kredit, den er zum Beispiel zur Tilgung des Kaufpreises benötigt, wenn er der Bank, die eine Sicherheit verlangt, sein vermeintliches Anwartschaftsrecht an der Vorbehaltssache anböte und ihr wahrheitsgemäß mitteilte, der Verkäufer könne jederzeit vom Kaufvertrag zurücktreten? Die Frage ist zu verneinen. Eine Bank, die sich dieses Geschäft nicht entgehen lassen möchte, wird Wege finden, zu einer Sicherheit zu kommen. So ist ein Vorgehen gemäß § 267 Abs. 1 S. 1 BGB denkbar; allerdings nur, wenn der Verkäufer zustimmt. § 267 Abs. 1 S. 2 BGB ist nicht heranzuziehen, weil nach hier vertretener Ansicht der Käufer in der Schwebesituation nach Fristablauf kein einseitiges Abwendungsrecht durch Erbringung der Primärleistung hat, deshalb steht ein solches Recht auch dem Dritten nicht zu.

Aber auch dieses Vorgehen offenbart nur: Die Bank sieht in der Anwärterposition keinen großen Vermögenswert und tätigt die Kaufpreiszahlung an den Verkäufer, um die Rechtsposition des Käufers wieder zu stärken und damit eine ausreichende Sicherheit zu bekommen, zum Beispiel das Sicherungseigentum. Das Skizzierte zeigt, dass ab dem Zeitpunkt der Rücktrittsmöglichkeit des Verkäufers praktisch keine Verkehrsfähigkeit des (vermeintlichen) Anwartschaftsrechts besteht. Es drängt sich die rhetorische Frage auf: Hätte sich eine Rechtsposition des Käufers, die der Verkäufer durch Erklärung vernichten kann, im wirtschaftlichen Verkehr als Vermögenswert und Verkehrsgegenstand etabliert und hätte die Rechtsprechung diese Käuferposition als Anwartschaftsrecht, wie es im herkömmlichen Sinne verstanden wird, qualifiziert?

162 Siehe nur *Baur/Stürner*, Sachenrecht, § 59 Rn. 33; HKK/*Finkenauer*, §§ 158-163 Rn. 21 i.V.m. Rn. 26.

7. Fazit: Erlöschen des Anwartschaftsrechts

Für den Fortbestand des Anwartschaftsrechts bei bestehender Rücktrittsmöglichkeit des Verkäufers gibt es keine überzeugende rechtsdogmatische Begründung. Das Ausgeführte lässt nur einen Schluss zu: Es ist eine reine Fiktion des Anwartschaftsrechts, wenn ein Anwartschaftsrecht bejaht wird in der Phase zwischen der Rücktrittsmöglichkeit des Verkäufers und der tatsächlichen Rücktrittsausübung. Dann aber gebietet die Methodenehrlichkeit nicht nur, diese Fiktion offenzulegen, sondern auch darüber nachzudenken, ob sie legitim ist.

F. Fiktion des Anwartschaftsrechts bei Rücktrittsmöglichkeit des Verkäufers

Zunächst ist eine Bewertung der Rechtslage vorzunehmen, die zu der Erkenntnis führen wird, dass der Untergang des Anwartschaftsrechts in der Schwebesituation zu einer erheblichen Gefährdung des Rechtsverkehrs führt und nicht der Interessenlage der Beteiligten entspricht. Deshalb wird eine juristische Konstruktion vorgeschlagen, die eine Beeinträchtigung der Rechtssicherheit und der Interessenlage praktisch ausschließt: die juristische Fiktion.

I. Untergang des Anwartschaftsrechts

Das gefundene Ergebnis, das Anwartschaftsrecht erlischt mit der Rücktrittsmöglichkeit des Verkäufers, ist methodenehrlich. Ist es aber auch sachgerecht? Der Fortfall des Anwartschaftsrechts hat vor allem für den Käufer und dessen Gläubiger negative Rechtsfolgen.

1. Praktische Auswirkungen auf die Rechtslage

Die kurzen, nicht abschließenden Beispiele werden verdeutlichen, welche Auswirkungen das Erlöschen des Anwartschaftsrechts hat.

Der Käufer kann nicht mehr isoliert über das Anwartschaftsrecht verfügen, etwa im Wege der Sicherungsübertragung analog § 930 BGB[163] zwecks Kreditgewährung zur Kaufpreistilgung. Auch ein gutgläubiger Erwerb des Anwartschaftsrechts scheidet aus, weil dieses überhaupt nicht –

---

163 Die Übertragung des Anwartschaftsrechts erfolgt nicht durch Abtretung des kaufvertraglichen Übereignungsanspruchs (§§ 398, 413 BGB), sondern in der Form der Vollrechtsübertragung, also analog §§ 929 ff. BGB, vgl. *Medicus/Petersen*, Bürgerliches Recht, Rn. 473.

also auch nicht bei einem Dritten – besteht.[164] Beachtenswert ist, dass ein gutgläubiger Eigentumserwerb (!) weiterhin in Betracht kommt.[165] Der Verkäufer kann einem gutgläubigen Dritten gemäß § 931 i.V.m. §§ 161 Abs. 1, Abs. 3, 934 Var. 1 BGB unbelastetes Eigentum endgültig verschaffen, weil § 936 Abs. 3 BGB, der von der herrschenden Meinung auf das Anwartschaftsrecht angewendet wird[166], nicht einschlägig ist. Mit dem Untergang des Anwartschaftsrechts geht einher der Verlust aller Rechte am Anwartschaftsrecht der Vorbehaltssache, der Vermieter verliert sein Vermieterpfandrecht (§ 562 BGB) am Anwartschaftsrecht des Mieters[167], ein Werkunternehmer sein Werkunternehmerpfandrecht (§ 647 BGB[168]) am Anwartschaftsrecht des Bestellers und so weiter.

Wird die Vorbehaltssache in der Schwebezeit, die durchaus eine beachtliche Zeit andauern kann, zerstört oder beschädigt, dann kann der Käufer sich nicht auf sein Anwartschaftsrecht als ‚sonstiges Recht' im Sinne des § 823 Abs. 1 BGB[169] berufen, obwohl ihm tatsächlich ein Schaden in Höhe der bereits geleisteten Kaufpreisraten entstanden ist. Als Anknüpfungspunkt bleibt zwar der ‚berechtigte Besitz' als sonstiges Recht bestehen, jedoch ist nicht eindeutig, ob diese Rechtsposition den gleichen Wert hat wie das eigentumsähnliche Anwartschaftsrecht. Zumal der Anknüpfungspunkt des Besitzes nicht weiterhilft bei einem reinen Substanzschaden an der Sache, der nicht zu einer Nutzungsbeeinträchtigung führt. Bezüglich der Begleichung seines anwartschaftsrechtlichen Schadens ist er auf die Mitwirkung des Verkäufers angewiesen. Er hat keinen eigenen Anspruch gegen den Schädiger.

---

164 Umstritten, aber herrschend, vgl. *Baur/Stürner*, Sachenrecht, § 59 Rn. 40; *Brox* JuS 1984, 657, 662; Staudinger/*Beckmann*, § 449 Rn. 75 ff.; *Weber*, Sachenrecht I, § 14 Rn. 20 ff.

165 Siehe *Baur/Stürner*, Sachenrecht, § 59 Rn. 40.

166 Dazu oben C. III. 2.

167 Dieses Pfandrecht am Anwartschaftsrecht ist anerkannt: *BGH*, NJW 1965, 1475 ff. Einer Entfernung der in die Mieträume eingebrachten Sache i.S.v. § 562a BGB bedarf es dann nicht.

168 Auch dieses Pfandrecht am Anwartschaftsrecht ist anerkannt: *Baur/Stürner*, Sachenrecht, § 55 Rn. 41; MünchKomm-*Busche*, § 647 Rn. 6; Palandt/*Sprau*, 72. Aufl. 2013, § 647 Rn. 4. Der *BGH*, NJW 1961, 499, hat die Frage bisher offen gelassen.

169 Das Anwartschaftsrecht wird fast einhellig als „sonstiges Recht" i.S.d. § 823 Abs. 1 BGB behandelt, allerdings ist der Inhalt des Schadensersatzanspruchs zweifelhaft. Vorzugswürdig erscheint eine analoge Anwendung der §§ 432, 1281 BGB, näher *Baur/Stürner*, Sachenrecht, § 59 Rn. 45; *Brox* JuS 1984, 657, 660.

Der Käufer kann sein Anwartschaftsrecht nicht vorbringen, um einer Verwertung oder Verstrickung der Vorbehaltssache zuvorzukommen. Überlässt der Käufer dem Verkäufer (Eigentümer) die Kaufsache zur Reparatur[170], können Gläubiger des Verkäufers in die Vorbehaltssache vollstrecken (wegen des Besitzes des Verkäufers steht § 808 I ZPO nicht entgegen). Der Käufer kann dann nicht im Wege der Drittwiderspruchsklage analog § 771 Abs. 1 ZPO vorgehen, weil er kein Anwartschaftsrecht als die Veräußerung hinderndes Recht hat.[171] Die Gläubiger des Käufers können das Anwartschaftsrecht nicht pfänden; auch eine analoge Anwendung des § 268 Abs. 1 BGB (Anwartschaftsrecht = „Recht an dem Gegenstand")[172] scheidet aus.

2. Gefährdung des Rechtsverkehrs

Die skizzierten Rechtsfolgen führen zu einer beachtlichen Rechtsunsicherheit. Aber nicht wegen des Publizitätsprinzips. Wer ausgehend von diesem Prinzip den weiterhin bestehenden Besitz des Käufers an der Vorbehaltssache vorträgt, um den Fortbestand des Anwartschaftsrechts auch nach Fristablauf zu begründen, argumentiert am Problem vorbei. Damit wird suggeriert, vor Fristablauf komme der Publizitätsgrundsatz auch in Ansehung des Anwartschaftsrechts zur Geltung. Das ist nicht richtig. Bereits die Zulässigkeit der Übereignung von beweglichen Sachen unter einer Bedingung führt zu einer erheblichen Durchbrechung des Publizitätsprinzips und insoweit zu einem Verzicht auf Rechtssicherheit seitens des Gesetzgebers.[173] Auch wenn häufig geschrieben wird, bei beweglichen Sachen sei der Sachbesitz das Publizitätsmittel, das den Schluss vom Besitz auf das Eigentum rechtfertige[174], bedeutet das keinesfalls, dass vom Besitz auf das

170 Sofern man nicht bereits diese Besitzüberlassung als Erlöschungsgrund bzgl. des Anwartschaftsrechts ansieht. Im Übrigen ist beim Verbraucherkreditgeschäft in Form des entgeltlichen Zahlungsaufschubs die Rücktrittsfiktion des § 508 Abs. 2 S. 5 BGB zu beachten.

171 Dass dem Inhaber des Anwartschaftsrechts die Drittwiderspruchsklage analog § 771 ZPO zusteht, ist weitgehend anerkannt, vgl. nur *Baur/Stürner*, Sachenrecht, § 59 Rn. 48; *Medicus/Petersen*, Bürgerliches Recht, Rn. 466.

172 Dazu *Brox* JuS 1984, 657, 664 m.w.N.

173 Weiterführend *Füller*, Sachenrecht, 361 f.; vgl. auch *Weber*, Sachenrecht I, § 4 Rn. 4 („Besitz [hat] seine Publizitätsfunktion weitgehend eingebüßt").

174 Siehe nur *Baur/Stürner*, Sachenrecht, § 14 Rn. 9.

Anwartschaftsrecht geschlossen werden darf. Bezogen auf das Anwartschaftsrecht hat der Besitz weder vor noch nach dem Fristablauf eine Aussagekraft.

Vielmehr wird mit den zusammengetragenen Rechtsfolgen die Rechtsunsicherheit angesprochen, die aus der Schwebesituation nach Fristablauf[175] herrührt. Diese Rechtsunsicherheit entsteht, weil nicht einmal sicher ist, ob der Verkäufer zurücktreten wird. Verlangt er zum Beispiel nach Fristablauf erneut Zahlung des Kaufpreises, entstehen abermals schwierige Rechtsfragen, wie etwa: Leben dann die weggefallenen Kreditsicherheiten wieder auf und wenn ja, mit Wirkung *ex tunc* oder *ex nunc*? Wie sind etwaige Verfügungen über das Anwartschaftsrecht in der Schwebesituation zu würdigen?. Hinzu kommt, dass das nach Fristablauf erneut getätigte Erfüllungsverlangen des Gläubigers (hier des Verkäufers) die Schwebesituation nicht beendet, wenn man mit dem *BGH* davon ausgeht, dass das erneute Erfüllungsverlangen nicht zu einem Wegfall der Sekundärrechte führt.[176] Der genannte BGH-Fall zeigt zudem, dass die Schwebesituation mehrere Wochen, gar Monate andauern kann.

3. Untergang entspricht nicht der Interessenlage

Der Wegfall des Anwartschaftsrechts mit Ablauf der Nachfrist entspricht nicht der Interessenlage der Beteiligten. Den Verkäufer dürfte es kaum tangieren, ob das Anwartschaftsrecht mit Fristablauf erlischt oder bis zur wirksamen Rücktrittsausübung bestehen bleibt. Denn erst diese vernichtet das vertragliche Besitzrecht des Käufers (Wertung des § 449 Abs. 2 BGB). Demgegenüber zeigen die Beispiele, dass der Wegfall des Anwartschaftsrechts nach Fristablauf den Käufer und dessen Gläubiger empfindlich treffen kann. Daran kann auch der Umstand nichts ändern, dass der Käufer bis zum wirksamen Rücktritt des Verkäufers besitzberechtigt bleibt.

---

175 Die Schwebesituation nach Fristablauf wird auch jenseits der hiesigen Problematik stark kritisiert, vgl. MünchKomm-*Ernst*, § 323 Rn. 147; NK-BGB/*Dauner-Lieb*, § 281 Rn. 51 f.; *Samhat*, Wahlschuld, S. 350.

176 So *BGH* NJW 2006, 1198: Der Gläubiger, ein Grundstückskäufer, verlangt vom Verkäufer nach Ablauf der Nachfrist erneut die ordnungsgemäße Übereignung des Grundstücks. Da dieser auch auf dieses Verlangen mehrere Wochen nicht reagiert, erklärt der Käufer ohne erneute Fristsetzung den Rücktritt. Ausführlich zu dieser Problematik *Samhat*, Wahlschuld, S. 380 ff. m.w.N.

4. Zwischenfazit

Der Fortfall des Anwartschaftsrechts in der Schwebesituation führt zu einer beachtlichen Rechtsunsicherheit und entspricht nicht den Interessen der Beteiligten.

II. Korrektur mithilfe der juristischen Fiktion

Wer die aufgeführten Rechtsfolgen mit dem Hinweis hinnimmt, das Anwartschaftsrecht sei ohnehin eine instabile Rechtserscheinung, wird keine normative Korrektur des Ergebnisses vornehmen. Wer aber mit der hier vertretenen Ansicht eine Unvereinbarkeit mit der Rechtssicherheit und der Interessenlage bejaht, wird weitergehen und nach einem methodisch vertretbaren Weg suchen[177], um die sachwidrigen Rechtsfolgen zu vermeiden.

1. Rechtfertigung der ergebnisorientierten Betrachtung

Die angesprochene ergebnisorientierte Betrachtung des Rechtsanwenders, namentlich des Richters, ist methodisch nicht zweifelsfrei. Dazu ist anzumerken: Da das Gesetz keine Regelung zum Anwartschaftsrecht enthält, besteht eine Pflicht des Richters zur sachgerechten Rechtsfortbildung. Der Richter darf aus verfassungsrechtlichen Gründen (Art. 20 Abs. 3 GG) den Rechtsschutz nicht mit dem Hinweis verweigern, es sei Aufgabe des Gesetzgebers solche Interessenkonflikte sachgerecht zu regeln.[178] Der Richter ist gemäß Art. 20 Abs. 3 GG nicht nur an das Gesetz, sondern auch an das Recht gebunden. Das Recht umfasst mehr als das Gesetz im engeren Sinne. Angesprochen ist das Gewohnheitsrecht, das als eigenständige Quelle des objektiven Rechts anerkannt ist und praktisch nur durch richterliche Rechtsfortbildung entsteht, nämlich spätestens dann, wenn durch

177 Die interessante rechtstheoretische Frage, ob im Bereich der Rechtsfortbildung eine Rechtsfindung oder nicht doch eher eine Rechtssetzung erfolgt, muss nicht weiter vertieft werden, vgl. dazu nur *Rüthers/Fischer/Birk*, Rechtstheorie, Rn. 824 f. m.w.N.

178 Näher *Looschelders/Roth*, Juristische Methodik, S. 287, die insoweit nicht nur auf BVerfGE 84, 212, 226 f. verweisen.

eine ständige höchstrichterliche Rechtsprechung („Gerichtsgebrauch“) und mithilfe des Schrifttums eine allgemeine Rechtsüberzeugung begründet wird.[179]

a) Umfang des Gewohnheitsrechts hinsichtlich des Anwartschaftsrechts

Das Anwartschaftsrecht des Vorbehaltskäufers ist Gewohnheitsrecht. Nun könnte man sich auf den Standpunkt stellen, gewohnheitsrechtlich anerkannt sei nicht nur das Anwartschaftsrecht gemäß der eingangs genannten Definition, sondern auch die Einzelaussage, das Anwartschaftsrecht bestehe trotz der Rücktrittsmöglichkeit des Verkäufers fort. Und wenn es Gewohnheitsrecht sei, dass das Anwartschaftsrecht nicht bereits mit der Rücktrittsmöglichkeit wegfalle, bestehe auch insoweit objektives Recht, ohne dass es auf eine dogmatische Stimmigkeit ankäme.

Das setzt aber voraus, dass die besagte Einzelaussage Gegenstand des Gewohnheitsrechts ist. Eben dies kann nicht ohne Weiteres angenommen werden, weil die Frage, wie sich die Rücktrittsmöglichkeit des Verkäufers in der Schwebelage auf das Anwartschaftsrecht des Käufers auswirkt, nicht hinreichend erörtert und beantwortet ist. An diesem Befund ändert auch der Umstand nichts, dass im Ergebnis einhellig vertreten wird, das Anwartschaftsrecht gehe erst mit dem ausgeübten Rücktritt unter. Denn diese Position war nie Gegenstand einer inhaltlichen Auseinandersetzung. Das nicht näher begründete Ergebnis wurde vom *BGH*[180] in einer Entscheidung aus dem Jahre 1970 nur hilfsweise formuliert und wird vom Schrifttum bis heute mitgetragen. Hinzukommt, dass das Problem im alten Schuldrecht im Verborgenen blieb, was mit dem Zusammenspiel zwischen § 455 BGB a.F. und § 326 BGB a.F. zusammenhing.[181] Deutlich hervorgetreten ist das Problem erst mit dem Schuldrechtsmodernisierungsgesetz aus dem Jahre 2002, weil seitdem der erfolglose Ablauf der gesetzten Zahlungsfrist zu der skizzierten Schwebesituation führt.[182] Diese Gesetzesän-

179 Siehe nur (m.w.N.) *Rüthers/Fischer/Birk*, Rechtstheorie, Rn. 232 f. i.V.m. Rn. 238 ff., auch zur Frage, wann aus Richterrecht Gewohnheitsrecht wird. Weiterführend auch *Krebs/Becker*, Gewohnheitsrecht, JuS 2013, 97, 98 ff.; *Looschelders/Roth*, Juristische Methodik, S. 321 ff.

180 Siehe BGHZ 54, 214, 217 (= NJW 1970, 1733, 1734), dazu bereits oben E. I. 3.

181 Dazu bereits oben E. I.

182 Oben E. II. 2.

derung ist bislang nicht zum Anlass genommen worden, der Frage nachzugehen, ob das Anwartschaftsrecht in der Schwebesituation bejaht werden kann.

Meines Erachtens besteht eine verdeckte Lücke im Gewohnheitsrecht, wenn es um das Schicksal des Anwartschaftsrechts in der Schwebesituation geht. Eine verdeckte Lücke wird angenommen, wenn der Wortlaut einer Norm gemessen an deren Zweck(en) zu weit ist; im überschießenden Teil der Norm liegen Fälle, die wertungsmäßig abweichend zu behandeln sind.[183] Übertragen auf das Anwartschaftsrecht bedeutet dies, dass bereits die Rücktrittsmöglichkeit des Verkäufers zum Erlöschen des Anwartschaftsrechts des Käufers führt, wenn man die herrschende Anwartschaftsrechtsdefinition unvoreingenommen anwendet. Damit werden aber Rechtsfolgen ausgelöst, die wegen ihrer Unvereinbarkeit mit der Rechtssicherheit und der Interessenlage[184] zu vermeiden sind. Die verdeckte Lücke ist also darin zu sehen, dass die Anwartschaftsrechtsdefinition keine Einschränkung für den besagten Fall kennt. Die Formulierung ‚Lücke im Gesetz' ist vertraut, die Aussage ‚Lücke im Gewohnheitsrecht' mag irritieren. Da das Gewohnheitsrecht nach einhelliger Auffassung objektives Recht ist, mithin wie Gesetzesrecht anzuwenden ist, ist es durchaus legitim (zumindest vertretbar), von einer verdeckten Lücke im Gewohnheitsrecht zu sprechen, wenn ein gewohnheitsrechtlicher Rechtssatz vom Text her einen Fall erfasst, der wertungsmäßig nicht erfasst werden sollte.[185] Wäre das Anwartschaftsrecht im BGB entsprechend der eingangs genannten Definition legaldefiniert, stieße die Annahme einer Lücke im besagten Fall wohl nicht auf Unverständnis.

Diese Lücke ist im Wege der Rechtsfortbildung zu schließen. Eine Lückenschließung kann zum Beispiel derart erfolgen, dass die Rechtsprechung und die Lehre nach einem juristischen Diskurs über die hiesige Frage die Position etablieren, dass die Rücktrittsmöglichkeit allein nicht zum Erlöschen des Anwartschaftsrechts des Käufers führt. Und würde diese Aussage von der allgemeinen Rechtsüberzeugung getragen, wäre dieses

183 Nahezu wörtlich *Leenen*, BGB AT, § 23 Rn. 75; vgl. auch *Larenz/Canaris*, Methodenlehre, S. 198.

184 Siehe oben F. I.

185 Vom methodischen Problem einer ‚verdeckten Lücke im Gewohnheitsrecht' sprechen auch *Krebs/Becker*, Gewohnheitsrecht, JuS 2013, 97, 102, und weisen darauf hin, dass das Auftreten dieses Problems davon abhängt, wie streng man die Entstehungsvoraussetzungen von Gewohnheitsrecht versteht.

Ergebnis mitsamt den dogmatischen Unstimmigkeiten als Gewohnheitsrecht zu akzeptieren. Doch auch dies würde freilich nicht ausschließen, darüber nachzudenken und zu diskutieren, wie eine dogmatische Stimmigkeit hinsichtlich des Anwartschaftsrechts hergestellt werden kann. Eine solche Auseinandersetzung wäre nicht hoffnungslos, weil auch das bestehende Gewohnheitsrecht abänderbar ist.[186]

Für die weitere Untersuchung wird jedenfalls davon ausgegangen, dass bezogen auf das Schicksal des Anwartschaftsrechts in der Schwebesituation eine Lücke im Gewohnheitsrecht besteht.

b) Rechtsfortbildung zur Vermeidung von sachwidrigen Rechtsfolgen

Muss der Richter das Problem außerhalb der gesetzlichen Regelung lösen, dann kann es im Zuge der Rechtsfortbildung legitim sein, zur Vermeidung von sachwidrigen Rechtsfolgen eine ergebnisorientierte Entscheidung vorzunehmen. Es ist anerkannt, dass eine Rechtsfortbildung auch eine Reaktion auf die Bedürfnisse des Rechtsverkehrs sein kann.[187] Dieses ergebnisorientierte Vorgehen lässt sich rechtfertigen: Bei der Auslegungstätigkeit geht der Richter den Weg des Gesetzgebungsverfahrens zurückgeht.[188] Während der Gesetzgebungsprozess mit einer Wertentscheidung des Gesetzgebers zur Lösung eines erkannten Konflikts beginnt, die sich dann in einer Regelungsentscheidung konkretisiert und mit dem Erlass der Norm endet, setzt der Auslegungsprozess bei dem Gesetzestext dieser Norm an.[189] Misslingt die Wortlautauslegung wegen der textlichen Unbestimmtheit, muss der Rechtsanwender auf der zweiten Stufe versuchen, die tatsächliche Regelungsentscheidung des Gesetzgebers festzustellen.[190] Kann der Rechtsanwender auch die tatsächliche Regelungsentscheidung des Gesetzgebers nicht ermitteln, dann muss er als Auslegungsmaßstab auf die mutmaßliche Regelungsentscheidung abstellen.[191] Um die mutmaßliche Regelungsentscheidung des Gesetzgebers herauszufinden, muss der

---

186 Weiterführend zur Abänderung von Gewohnheitsrecht *Krebs/Becker*, Gewohnheitsrecht, in JuS 2013, 97, 101 ff.; *Looschelders/Roth*, Juristische Methodik, S. 321 ff.

187 Vgl. *Larenz/Canaris*, Methodenlehre, S. 233 ff.

188 Besonders anschaulich *Looschelders/Roth*, Juristische Methodik, S. 119 ff.

189 *Looschelders/Roth*, Juristische Methodik, S. 119 f.

190 *Looschelders/Roth*, Juristische Methodik, S. 121.

191 *Looschelders/Roth*, Juristische Methodik, S. 121 unten.

Rechtsanwender auf der dritten Stufe versuchen, die tatsächliche Wertentscheidung des Gesetzgebers zu ergründen.[192] Da die Regelungsentscheidung die Umsetzung der Wertentscheidung bezweckt, kann grundsätzlich von der Wertentscheidung auf die Regelungsentscheidung geschlossen werden.[193] Und kann auch die tatsächliche Wertentscheidung des Gesetzgebers nicht ermittelt werden, hat der Rechtsanwender

> „auf der *vierten Auslegungsstufe* die Frage zu beantworten, welche Wertentscheidung der Gesetzgeber mutmaßlich getroffen hat oder getroffen hätte, wenn er das vorliegende Problem erkannt hätte. Von dieser *mutmaßlichen Wertentscheidung* ist sodann (über die mutmaßliche Regelungsentscheidung) auf den Inhalt der Norm zu schließen."[194]

Demgegenüber versetzt sich der Richter in die Lage des Gesetzgebers, wenn es an einem Gesetz fehlt und er das Recht fortzubilden hat.[195] Dabei hat er nach dem mutmaßlichen Willen des Gesetzgebers zu handeln, er muss sich fragen, auf welche Art und Weise der Gesetzgeber den konkreten Interessenkonflikt positivrechtlich gelöst hätte.[196] Wie soeben ausgeführt, wird der Gesetzgeber, der einen erkannten Interessenkonflikt lösen möchte, zunächst eine Wertentscheidung zur Lösung des Problems treffen und erst dann darüber nachdenken, wie er seiner Entscheidung gesetzestechnisch am besten Geltung verschafft.[197] Auf das Problem ‚Schicksal des Anwartschaftsrechts in der Schwebezeit' übertragen bedeutet dies, dass der Richter im ersten Schritt eine Entscheidung treffen darf, die eine als sachwidrig erkannte Rechtsfolge vermeidet. In einem zweiten Schritt muss er die getroffene Entscheidung mit anerkannten Rechtsmethoden umsetzen.

Das zur Rechtsfortbildung Ausgeführte ist im deutschen Recht anerkannt. Im schweizerischen Zivilrecht ist das sogar positivrechtlich normiert. In den drei Absätzen des Art. 1 ZGB heißt es:

> (1) Das Gesetz findet auf alle Rechtsfragen Anwendung, für die es nach Wortlaut oder Auslegung eine Bestimmung enthält. (2) Kann dem Gesetz keine Vorschrift entnommen werden, so soll das Gericht nach Gewohnheitsrecht

192 *Looschelders/Roth*, Juristische Methodik, S. 121 f.
193 Nahezu wörtlich *Looschelders/Roth*, Juristische Methodik, S. 122.
194 *Looschelders/Roth*, Juristische Methodik, S. 123.
195 *Looschelders/Roth*, Juristische Methodik, S. 298.
196 Eingehend *Looschelders/Roth*, Juristische Methodik, S. 298 ff.
197 Vgl. *Looschelders/Roth*, Juristische Methodik, S. 119 ff.

> und, wo auch ein solches fehlt, nach der Regel entscheiden, die es als Gesetzgeber aufstellen würde. (3) Es folgt dabei bewährter Lehre und Überlieferung.

Nach alledem ist der weitere Untersuchungsweg vorgezeichnet. Es gilt, den mutmaßlichen Willen des Gesetzgebers zu ermitteln und methodisch umzusetzen.

2. Mutmaßlicher Wille des Gesetzgebers

Der Richter, der sich in die Rolle des Gesetzgebers denkt und fragt, wie dieser das Schicksal des Anwartschaftsrechts in der Schwebesituation nach Fristablauf geregelt hätte, findet in § 449 Abs. 2 BGB eine gesetzliche Stütze, die Rückschlüsse auf den mutmaßlichen Willen des Gesetzgebers erlaubt. Auch wenn der Eigentumsvorbehalt tatbestandlich nicht mit dem Anwartschaftsrecht identisch ist, so sind sie bezogen auf den Wegfall der Positionen nach Rücktrittsausübung vergleichbar. Bei einem wirksamen Rücktritt fallen der Eigentumsvorbehalt des Verkäufers, die bedingte Berechtigung des Käufers und dessen Anwartschaftsrecht weg. Ein Unterschied lässt sich aber im Falle einer Gefährdung der Rechtsposition feststellen. Während sowohl bei § 449 Abs. 2 BGB als auch bei der bedingten Berechtigung eine Gefährdung, und sei sie auch noch so stark, nicht ausreicht, um den Verlust der Positionen herbeizuführen, führt eine solche zum Fortfall des Anwartschaftsrechts, sofern sie vom Verkäufer ausgeht.[198] Wie bereits herausgestellt, führt der Verlust des Anwartschaftsrechts aufgrund der Rücktrittsmöglichkeit des Verkäufers nach Fristablauf gemäß § 323 BGB zu sachwidrigen Rechtsfolgen. Nicht zuletzt wegen der Regelungsstruktur des § 449 Abs. 2 BGB darf angenommen werden, dass der Gesetzgeber, hätte er sich die Frage vorgelegt, den Untergang des Anwartschaftsrechts genauso geregelt hätte, wie § 449 Abs. 2 BGB den Fortfall des Eigentumsvorbehalts und des vertraglichen Besitzrechts regelt. Diese Vermutung wird auch dadurch verstärkt, dass die Rechtsprechung und die Lehre ebenfalls davon ausgehen, dass das Anwartschaftsrecht erst mit dem Rücktritt untergehe.[199]

---

198 Näher dazu oben C. III. 4. b).

199 Siehe oben E vor I.

3. Fiktion des Anwartschaftsrechts in der Schwebesituation

Der mutmaßliche Wille des Gesetzgebers, die sachwidrigen Rechtsfolgen zu vermeiden, die infolge des Erlöschens des Anwartschaftsrechts in der Schwebesituation resultieren, ist methodisch umzusetzen. Dabei ist keineswegs zulässig, das oben zum Erlöschen des Anwartschaftsrechts nach Fristablauf Gesagte mit Verweis auf den mutmaßlichen Willen des Gesetzgebers zu verwerfen und nunmehr doch anzunehmen, das Anwartschaftsrecht bestehe in der Schwebesituation fort. Sofern man von der herrschenden Anwartschaftsrechtsdefinition ausgeht, kann das Erlöschen des Anwartschaftsrechts in der Schwebesituation mit keiner juristischen Konstruktion aus der Welt geschafft werden. Der mutmaßliche Wille des Gesetzgebers lässt sich aber umsetzen mithilfe einer juristischen Fiktion des Anwartschaftsrechts in der Schwebezeit. Die Fiktion könnte zum Beispiel wie folgt formuliert werden: Bis zur Rücktrittsausübung gilt das Anwartschaftsrecht des Käufers als fortbestehend.

Mit der rechtlichen Fiktion wird Ungleiches bewusst gleichgesetzt, um eine erwünschte Rechtsfolge bzw. ein erwünschtes Ergebnis zu erzielen.[200] Auch wenn die Fiktion eine „rechtliche Realität“[201] schafft, darf nicht verschleiert werden, dass der Umstand, der fingiert werden soll, hier das Anwartschaftsrecht in der Schwebesituation, in Wirklichkeit nicht besteht. Dadurch unterscheidet sich die Fiktion von einer irrtümlich falschen Identifizierung oder Subsumtion.[202] Letzteres vollzieht (unbewusst) die einhellige Ansicht, wenn sie meint, das Anwartschaftsrecht bestehe bis zum Bedingungsausfall fort.

Die Anwendung der Fiktion hat in diesem Kontext vor allem den Grund, eine ‚scheinbare Kontinuität‘[203] in der Schwebesituation nach

200 Zur Fiktion *Larenz*, Methodenlehre, S. 251 ff.; *Larenz/Canaris*, Methodenlehre, S. 83 ff.; eingehend *Esser*, Rechtsfiktion, S. 26 ff.; *Jachmann*, Fiktion, S. 47 ff.

201 *von Arnauld*, Rechtssicherheit, S. 235, der dadurch – wie andere auch – eine Gefahr der Verschleierung sieht.

202 *Larenz*, Methodenlehre, S. 251; *Larenz/Canaris*, Methodenlehre, S. 83. Von der unwiderlegbaren Vermutung, die hier nicht in Betracht kommt, unterscheidet sich die Fiktion dadurch, dass bei jener denkbar ist, dass das unwiderleglich Vermutete im konkreten Fall dem tatsächlichen Geschehen entspricht. Dies ist bei der Fiktion ausgeschlossen. Näher dazu *Jachmann*, Fiktion, S. 149 ff.

203 Vgl. *Larenz*, Methodenlehre, S. 252; *Larenz/Canaris*, Methodenlehre, S. 83; kritisch zu der möglicherweise damit einhergehenden Verschleierung der Rechtsänderung und -fortbildung *Esser*, Rechtsfiktion, S. 201 i.V.m. S. 203.

Fristablauf aufrechtzuerhalten, um die Rechtssicherheit zu bewahren.[204] Diese wird dadurch erreicht, dass bezogen auf die Existenz des Anwartschaftsrechts und auf die daran bestehenden Rechte die Rechtslage ‚juristisch perpetuiert' wird, die vor Fristablauf bestand. Mit der Fiktion können vorhandene Zweifel reguliert werden.[205] Konkret: Derjenige, der Zweifel hat, ob das Anwartschaftsrecht in der Schwebezeit besteht, aber sicher ist, dass der Fortfall des Anwartschaftsrechts nicht dem mutmaßlichen Willen des Gesetzgebers entspricht, kann das gegenteilige Ergebnis mit der Rechtsfiktion erreichen, weil es hiernach auf die Zweifel nicht mehr ankommt.

Die Fiktion des Anwartschaftsrechts in der Schwebezeit führt zur Schließung der oben aufgezeigten verdeckten Lücke im Gewohnheitsrecht. Damit geht auch eine Fortentwicklung des Anwartschaftsrechts einher. Die vorgeschlagene Rechtsfortbildung bewegt sich demzufolge außerhalb der gesetzlichen Regelung („*extra legem*"), aber innerhalb des Rahmens der Gesamtrechtsordnung und der ihr zugrunde liegenden Rechtsprinzipien („*intra ius*").[206] Dies folgt vor allem daraus, dass die vorgeschlagene Schließung der verdeckten Lücke im Gewohnheitsrecht dem mutmaßlichen Willen des Gesetzgebers entspricht und dass die Rechtsfiktion als juristische Argumentationsfigur weitgehend anerkannt ist.

4. Keine durchgreifenden Bedenken gegen die Fiktion des Anwartschaftsrechts

Gegen die vorgeschlagene Rechtsfiktion bestehen keine Bedenken, die nicht ausgeräumt werden können.

---

204 Die Anwendung der Fiktion zum Zwecke der Wahrung der Rechtssicherheit ist anerkannt, vgl. *von Arnauld*, Rechtssicherheit, S. 235.

205 Dazu *Larenz*, Methodenlehre, S. 252; *Larenz/Canaris*, Methodenlehre, S. 84; eingehend *Esser*, Rechtsfiktion, S. 45 ff.

206 Zu dieser Argumentationsstruktur *Larenz/Canaris*, Methodenlehre, S. 232.

a) Verschleierung der Rechtslage durch die Fiktion

Die Fiktion kann, auch wenn man sie deutlich formuliert, zu einer Verschleierung der Rechtslage führen.[207] Diese ist jedoch stets zu verzeichnen, wenn man der einhelligen Ansicht folgt, das Anwartschaftsrecht erlösche erst mit dem Rücktritt, weil dann (unbewusst) simuliert wird, es bestehe tatsächlich ein Anwartschaftsrecht. Im Übrigen ist das ‚Verschleierungsargument' kein Einwand gegen die vorgeschlagene Fiktion des Anwartschaftsrechts, sondern eine grundsätzliche Kritik gegen die Fiktion als juristische Konstruktion, die sich nicht durchgesetzt hat. Schließlich wird man, sofern man das Recht von vornherein als „überhaupt nichts Wirkliches"[208] ansieht, die gesamte Rechtsfigur des Anwartschaftsrechts als Fiktion anzusehen haben.

b) Fiktion als Mittel der Gesetzestechnik

Es wird zwischen der Fiktion als Gesetzestechnik und der Fiktion als Mittel der Urteilsbegründung unterschieden.[209] Die vorgeschlagene Fiktion des Anwartschaftsrechts ist nicht als Mittel der Urteilsbegründung[210] zu verstehen, weil keine Sachverhaltselemente unterstellt werden. Sie ist von der Idee her als Mittel der Gesetzestechnik einzuordnen, weil sie der Richter als „Ersatzgesetzgeber"[211] entwickelt und anwendet.

---

207 Auf dieses Risiko wird hingewiesen, statt vieler *Larenz*, Methodenlehre, S. 251; *Esser*, Rechtsfiktion, S. 201 i.V.m. S. 203.

208 *Kelsen*, Zur Theorie der juristischen Fiktionen, S. 630, 655.

209 Siehe *Larenz*/Canaris, Methodenlehre, S. 83 ff.

210 Diese wird vor allem damit kritisiert, dass die Urteilsbegründung nicht anordnen, sondern überzeugen möchte, vgl. *Larenz*/Canaris, Methodenlehre, S. 85; dagegen argumentierend *Hackl*, Vom „quasi" im römischen zum „als ob" im modernen Recht, S. 117, 126.

211 Siehe zu dieser Bezeichnung *Looschelders/Roth*, Juristische Methodik, S. 301 ff., die nicht nur Nachweise angeben, sondern auch auf mögliche Missdeutungen hinweisen.

c) Kein Verstoß gegen den numerus clausus des Sachenrechts

Auch der *numerus clausus* des Sachenrechts schließt die vorgeschlagene Fiktion nicht aus. Durch die offengelegte Fiktion wird zugegeben, dass das Anwartschaftsrecht in Wirklichkeit nicht besteht. Es liegt auch deshalb kein Verstoß vor, weil sie – sofern sie von der Rechtspraxis anerkannt wird – nicht als Gegenstand einer Parteiabrede verstanden werden darf, sondern als Produkt der Rechtsfortbildung.

d) Vorzug einer Fiktion gegenüber einer Analogie zu § 449 Abs. 2 BGB

Denkbar ist ferner die Gegenargumentation, die Fiktion des Anwartschaftsrechts sei überflüssig, weil die sachwidrigen Rechtsfolgen durch eine analoge Anwendung des § 449 Abs. 2 BGB vermieden werden könnten. Dies ist richtig, soweit es um die Vermeidung der sachwidrigen Rechtsfolgen geht, besagt aber nicht, dass die Analogie den Fortbestand des Anwartschaftsrechts rettet. Letzteres wird aber mit der Analogie eher suggeriert als mit der Fiktion, die das Erlöschen des Anwartschaftsrechts sprachlich klar formuliert. Auf die genaue Grenzziehung zwischen der Analogie und der Fiktion muss und kann hier nicht eingegangen werden. Es ist aber festzustellen, dass zwischen ihnen starke Berührungspunkte bestehen.[212] *Kaufmann* schreibt: „Fiktionen sind letzten Endes nichts anderes als Analogien."[213]

e) Modifizierung der Anwartschaftsrechtsdefinition

Schließlich ist noch folgende Gegenargumentation denkbar: Die vorgeschlagene Fiktion sei eine sogenannte „dogmatische Fiktion"[214], mit deren Hilfe die Definition und Konstruktion des Anwartschaftsrechts aufrechterhalten werde. Statt den Begriff des Anwartschaftsrechts zu hinterfragen und gegebenenfalls zu modifizieren, werde mit der Fiktion letztlich an

---

212 Siehe dazu *Hackl*, Vom „quasi" im römischen zum „als ob" im modernen Recht, S. 117, 122 ff. m.w.N.; *Jachmann*, Fiktion, 138 ff.; *Kaufmann*, Analogie, S. 24 ff.

213 *Kaufmann*, Analogie, S. 25.

214 Gegen die „dogmatische Fiktion" spricht sich aus *Hackl*, Vom „quasi" im römischen zum „als ob" im modernen Recht, S. 117, 125 m.w.N.

einem überkommenen axiomatischen Begriff festgehalten.[215] Dies sei in Zeiten der Wertungsjurisprudenz ein (Rück-)Schritt zur Begriffsjurisprudenz. Das sachgerechte Ergebnis, die Rechtsfolgen eines Untergangs des Anwartschaftsrechts in der Schwebezeit zu vermeiden, könne anders erreichen werden. Wenn man eine verdeckte Lücke im Gewohnheitsrecht annehme, dann sei diese im Wege der teleologischen Reduktion dadurch zu schließen, dass dem Rechtssatz ein Ausnahmetatbestand hinzugefügt werde.[216] Man könne die genannten sachwidrigen Rechtsfolgen vermeiden, indem der Rechtssatz, also die Anwartschaftsrechtsdefinition, genauer: das Merkmal ‚gesicherte Rechtsposition des Erwerbers', nicht auf die Schwebesituation nach Fristablauf (= Ausnahmetatbestand) angewendet werde. Die Rechtssicherheit und die Interessenlage seien gegenüber dem strengen Festhalten an der klassischen Anwartschaftsrechtsdefinition vorrangig.

In der Tat: Der Ausgangspunkt der vorliegenden Studie ist die herrschende Anwartschaftsrechtsdefinition. Wegen des Definitionsmerkmals ‚gesicherte Rechtsposition' des Käufers, die der Verkäufer nicht einseitig zerstören kann, wird vertreten, dass das Anwartschaftsrecht bereits mit der Rücktrittsmöglichkeit des Verkäufers erlischt. Um die daraus resultierenden sachwidrigen Rechtsfolgen zu verhindern, wird die juristische Fiktion des Anwartschaftsrechts vorgeschlagen. Damit wird in der Sache an der gängigen Definition des Anwartschaftsrechts festgehalten. Dennoch erscheint dieser Weg legitim, weil es zuvörderst die Aufgabe der Rechtsprechung ist, das Recht fortzuentwickeln und daraus (unter Mitwirkung der Lehre) Gewohnheitsrecht zu festigen. Die Rechtsprechung ist aber bisher unbeeindruckt geblieben von Vorschlägen, die von der Neustrukturierung des Anwartschaftsrechts bis hin zur Ablehnung desselben reichen. Es ist auch nicht absehbar, dass sich dies in nächster Zeit ändern wird. Man kann sagen: Solange die Rechtsprechung an der eingangs genannten Anwartschaftsrechtsdefinition festhält, ist diese aufgrund ihrer Stellung im Gewohnheitsrecht vergleichbar mit einem gesetzlichen Tatbestand. Es ist nämlich anerkannt, dass das Gewohnheitsrecht eine Rechtsquelle ist, die auf dem gleichen Rang steht wie das Gesetz.[217] In Anbetracht dessen kann

---

215 Diese Kritik wird fernab des Anwartschaftsrechts vorgetragen von *Hackl*, Vom „quasi" im römischen zum „als ob" im modernen Recht, S. 117, 125 m.w.N.

216 Es ist anerkannt, dass verdeckte Lücken durch teleologische Reduktion ausgefüllt werden, vgl. *Leenen*, BGB AT, § 23 Rn. 91; *Rüthers/Fischer/Birk*, Rechtstheorie, Rn. 886.

217 Siehe *Krebs/Becker*, Gewohnheitsrecht, in JuS 2013, 97 m.w.N.

der Befund nicht geleugnet werden, dass der methodische und/oder dogmatische Umgang mit dem Anwartschaftsrecht in der Schwebesituation verbessert werden muss. Einen Verbesserungsvorschlag zu unterbreiten, ist das Ziel dieser Abhandlung. Der Rechtspraxis dürfte der entwickelte Vorschlag auch deshalb entgegenkommen, weil er vom herrschenden Verständnis des Anwartschaftsrechts des Käufers ausgeht.

Es gibt weitere Gründe, der soeben entwickelten Gegenargumentation nicht zu folgen. So ist der Vorwurf der Begriffsjurisprudenz nicht stichhaltig. Es ist ja gerade Ausdruck der Wertungsjurisprudenz, nicht stehenzubleiben beim festgestellten Fortfall des Anwartschaftsrechts wegen der Rücktrittsmöglichkeit des Verkäufers, sondern weiterzugehen und nach einem Weg zu suchen, der die sachwidrigen Rechtsfolgen des Untergangs des Anwartschaftsrechts in der Schwebezeit vermeidet. Die entwickelte Rechtskonstruktion, also die Fiktion des Anwartschaftsrechts in der Schwebezeit, zeigt, dass man den anerkannten Rechtssatz nicht modifizieren oder aufgeben muss, um ein sachgerechtes Ergebnis zu erzielen. Vielmehr schlägt die Schrift eine Lösung vor, die einerseits den Rechtssatz respektiert, weil sie ihm die größtmögliche Geltung verschafft, andererseits die übergeordneten Wertungen der Rechtsordnung (Rechtssicherheit und Interessenlage) berücksichtigt.

Schließlich: Wenn die teleologische Reduktion dazu führt, dass die Anwartschaftsrechtsdefinition (= Rechtssatz) nicht auf die Schwebezeit nach Fristablauf anzuwenden ist, läuft dies letztlich auf zwei Anwartschaftsrechtsdefinitionen hinaus. Die strengen Anforderungen des Rechtssatzes würden sich praktisch nur auf den Entstehungstatbestand des Anwartschaftsrechts beziehen. Demgegenüber würde die Definition für die Schwebezeit keine ‚gesicherte Rechtsposition' des Käufers voraussetzen. Die hiergegen bestehenden Bedenken wurden bereits ausgeführt.[218] An dieser Stelle kann ein weiteres Bedenken ins Feld geführt werden. Es stellt sich die Frage, ob eine teleologische Reduktion des Rechtssatzes zwecks Bejahung des Anwartschaftsrechts auch dann zulässig ist, wenn der Verkäufer zum Beispiel wegen eines Irrtums nach § 119 Abs. 1 BGB von Anfang an anfechtungsberechtigt ist. Dies ist deshalb zweifelhaft, weil hier der Entstehungstatbestand (!) des Anwartschaftsrechts betroffen ist. Ist nämlich der Verkäufer anfechtungsberechtigt, kann er sich durch Willenserklärung vom Vertrag lösen. In diesem Fall entsteht keine gesicherte Er-

---

218 Siehe oben E. III. 1. (Zeitlicher Bezugspunkt der Anwartschaftsrechtsdefinition).

werbsposition des Käufers, sodass die strengen Anforderungen der herrschenden Anwartschaftsrechtsdefinition nicht vorliegen.[219] Wer auch insoweit auf das Merkmal ‚gesicherte Position des Erwerbers' verzichtet, schafft weitere Ausnahmetatbestände von der Anwartschaftsrechtsdefinition, die die Struktur des Anwartschaftsrechts erheblich aufweichen. Dies wirft dann die Frage auf, ob es nicht doch zweckmäßig ist, ein neues Verständnis vom Anwartschaftsrecht zu etablieren. Die in dieser Abhandlung entwickelte Lösung wirft diese schwierige Frage nicht auf und entlastet damit den Rechtsanwender.

f) Fazit

Nach alledem erscheint die Fiktion des Anwartschaftsrechts in der Schwebezeit am besten geeignet, das sachgerechte Ergebnis der einhelligen Auffassung auch methodisch überzeugend zu begründen.

5. de lege ferenda: Positivrechtliche Fiktion des Anwartschaftsrechts

Bekanntlich kann der (rechts-)wissenschaftliche Boden ein unsicherer Boden sein. Die Rechtsanwendung wird erleichtert, wenn *de lege ferenda* eine Legaldefinition des Anwartschaftsrechts des Vorbehaltskäufers in das BGB eingefügt wird, die auch eine Aussage zum Untergang und/oder zur Fiktion des Anwartschaftsrechts enthält. Der Gesetzgeber, der bezogen auf eine Legaldefinition des Anwartschaftsrechts des Vorbehaltskäufers zurückhaltend ist, kann eine Erleichterung der Rechtsanwendung auch dadurch erreichen, dass er lediglich eine Fiktion des Anwartschaftsrechts gesetzlich anordnet. Wählt er diesen Weg, dann erkennt er die Existenz des Anwartschaftsrechts des Vorbehaltskäufers an, ohne die Voraussetzungen dieser Rechtsfigur zu normieren. Diese Vorgehensweise des Gesetzgebers ist bekannt. So hat der Gesetzgeber die Voraussetzungen der im BGB nicht ausdrücklich geregelten Sicherungsübereignung zwar nicht gesetzlich normiert, aber ihre Existenz dadurch anerkannt, dass er das Sicherungseigentum zum Beispiel in § 51 Nr. 1 Insolvenzordnung (Absonderungsrecht) erwähnt.[220]

---

219 Weiterführendes dazu unten G. II.

220 Siehe dazu nur *Baur/Stürner*, Sachenrecht, § 57 Rn. 1 i.V.m. § 56 Rn. 4.

Hinsichtlich der gesetzlichen Anordnung der Fiktion des Anwartschaftsrechts müsste der Gesetzgeber ‚nur' § 449 Abs. 2 BGB um einen zweiten Satz ergänzen, der den Inhalt haben könnte: „Bis zum Rücktritt gilt das Anwartschaftsrecht des Käufers als fortbestehend." Oder: „Mit dem Rücktritt erlischt das Anwartschaftsrecht des Käufers." Die letzte Formulierung bringt jedoch nicht deutlich zum Ausdruck, dass das Anwartschaftsrecht bis zum Rücktritt des Verkäufers nur fingiert wird. Daher präferiert der Verfasser den erstgenannten Satz.

Aus Gründen der Klarstellung bietet sich zudem an, § 281 Abs. 4 BGB um einen zweiten Satz mit dem Inhalt zu ergänzen: „Bis zum Schadensersatzverlangen gilt ein etwaiges Anwartschaftsrecht des Käufers als fortbestehend." Die allgemeinen Vorschriften der §§ 158-162 BGB müssen nicht ergänzt werden.

6. Zwischenergebnis

Es entspricht dem mutmaßlichen Willen des Gesetzgebers, die sachwidrigen Rechtsfolgen zu verhindern, die mit dem Erlöschen des Anwartschaftsrechts in der Schwebezeit nach Fristablauf eintreten könnten. Dieser Wille lässt sich methodisch umsetzen mit einer Fiktion des Anwartschaftsrechts bis zur Rücktrittsausübung.

III. Resultat: Fiktion des Anwartschaftsrechts in der Schwebezeit

Das Erlöschen des Anwartschaftsrechts in der Schwebezeit nach Fristablauf entspricht bei einer Betrachtung der Rechtsfolgen weder der Rechtssicherheit noch der Interessenlage. Die sachwidrigen Rechtsfolgen, die nicht dem mutmaßlichen Willen des Gesetzgebers entsprechen, lassen sich mit einer Fiktion des Anwartschaftsrechts bis zur wirksamen Rücktrittsausübung verhindern. *De lege ferenda* ist zumindest eine positivrechtliche Fiktion des Anwartschaftsrechts zu empfehlen, die wie folgt formuliert werden könnte: Bis zur Rücktrittsausübung gilt das Anwartschaftsrecht des Käufers als fortbestehend.

G. Anhang: Andere Gestaltungsrechte

I. Vertragliches Widerrufs- oder Rücktrittsrecht des Verkäufers

Wird dem Verkäufer vom Käufer ein jederzeitiges vertragliches Lossagungsrecht in Ansehung des Kaufvertrages eingeräumt, dann sind der Kaufvertrag und das bedingte Übereignungsgeschäft bis zur Ausübung des Gestaltungsrechts zwar wirksam, jedoch entsteht kein Anwartschaftsrecht des Käufers, weil die Widerruflichkeit des Verpflichtungsgeschäfts auch zur Widerruflichkeit der Übereignungseinigung führt.[221] Auf diese Fallkonstellation ist bereits eingegangen worden.[222] Eine Fiktion des Anwartschaftsrechts ist hier mangels Schutzbedürftigkeit des Käufers nicht angezeigt.

II. Das Anfechtungsrecht des Verkäufers

Ist der Kaufvertrag oder eine auf dessen Abschluss gerichtete Willenserklärung[223] anfechtbar, dann berührt dies nicht die Wirksamkeit des Kaufvertrages. Zu dessen Nichtigkeit führt erst die wirksame Anfechtung des Berechtigten. Nach § 142 Abs. 1 BGB ist das wirksam angefochtene Rechtsgeschäft als von Anfang an nichtig anzusehen. Diese rechtliche Fiktion behandelt die eingetretenen Rechtsfolgen so, als wären sie nie eingetreten.[224] Das gilt dann auch für das Anwartschaftsrecht und die damit im Zusammenhang stehenden Ansprüche und Rechtsgeschäfte.[225]

---

221 In der Sache ebenso NK-BGB/*Wackerbarth*, § 161 Rn. 4.

222 Siehe oben C. III. 1. und 4. b).

223 Ob der Kaufvertrag (so etwa *Leenen*, BGB AT, § 6 Rn. 138 f.) oder die auf dessen Abschluss gerichtete Willenserklärung (so die herrschende Meinung: statt vieler MünchKomm-*Busche*, § 142 Rn. 15; *Wolf/Neuner*, BGB AT, § 41 Rn. 138 m.w.N.) angefochten wird, spielt vorliegend keine Rolle, weil in jedem Fall der Kaufvertrag hinfällig wird.

224 Zur ex tunc-Wirkung der Anfechtung etwa *Leenen*, BGB AT, § 14 Rn. 133 ff.; MünchKomm-*Busche*, § 142 Rn. 15; *Wolf/Neuner*, BGB AT, § 41 Rn. 138.

225 Kritisch zur ex tunc-Wirkung der Anfechtung im Kontext des Anwartschaftsrechts *Hofmann*, Anwartschaftsrechte, 37.

Besteht aber das Anwartschaftsrecht während der Anfechtungs*möglichkeit* des Verkäufers? Ohne die Frage zu stellen oder zu vertiefen und ohne zwischen den einzelnen Anfechtungsgründen zu trennen, wird dies (ebenso wie bei der Rücktrittsmöglichkeit) bejaht.[226] Dass sich diese Betrachtungsweise nicht mit der herrschenden Definition des Anwartschaftsrechts verträgt, wird nur vereinzelt vorgebracht.[227]

1. Das Anfechtungsrecht gemäß § 123 Abs. 1 BGB

Hat der Verkäufer nach § 123 Abs. 1 BGB die Möglichkeit, den Kaufvertrag und/oder das Übereignungsgeschäft anzufechten, dann entsteht trotz der Sachübergabe und der aufschiebend bedingten Übereignung kein Anwartschaftsrecht des Käufers an der Sache. Diese Schlussfolgerung ist nicht nur deshalb geboten, weil die Anwartschaftsrechtsdefinition nicht erfüllt ist, sondern auch deswegen, weil der arglistig täuschende oder widerrechtlich drohende Käufer keinen Schutz[228] verdient. Und da das Anwartschaftsrecht dem Käufer zugutekommt, ist ihm diese Rechtsposition zu versagen. Es ist auch nicht gerechtfertigt, das Anwartschaftsrecht bis zur Anfechtungserklärung des Verkäufers oder bis zum Ausschluss des Anfechtungsrechts[229] zu fingieren. Diese für den Käufer ungünstige Schwebelage ist ihm zuzumuten, weil er sie mit seinem vorsätzlichen Verhalten herbeigeführt hat. Daran dürften auch die Interessen Dritter, die mit dem arglistigen Käufer ins Geschäft kommen, nichts ändern. Das Anwartschaftsrecht lebt erst dann auf, wenn der Verkäufer das anfechtbare Rechtsgeschäft gemäß § 144 BGB bestätigt oder die Anfechtung ausgeschlossen ist (§ 124 Abs. 1, Abs. 3 BGB).

---

226 Exemplarisch: *Medicus/Petersen*, Bürgerliches Recht, Rn. 479; MünchKomm-*Oechsler*, § 929 Rn. 19; *Schmidt-Recla*, JuS 2002, 759, 762; *Vieweg/Werner*, Sachenrecht, § 11 Rn. 61; *Wolf/Wellenhofer*, Sachenrecht, § 14 Rn. 17.

227 Zutreffend *Hofmann*, Anwartschaftsrechte, S. 34 f., der diese Frage nicht näher erörtert, weil er sich für eine Modifizierung der Anwartschaftsrechtsdefinition ausspricht (a.a.O., S. 145 ff.).

228 Dies andeutend, aber offenlassend *Hofmann*, Anwartschaftsrecht, S. 34 unten.

229 Vgl. die Jahresfrist des § 124 Abs. 1 BGB, die objektive Zehnjahresfrist des § 124 Abs. 3 BGB sowie die Bestätigung gemäß § 144 BGB, die aber Kenntnis des Verkäufers vom Anfechtungsrecht voraussetzt; bei einer Drohung zudem, dass die Zwangslage im Zeitpunkt der Bestätigung nicht mehr besteht, siehe nur Erman/*Palm*, § 144 Rn. 2; Palandt/*Ellenberger*, 72. Aufl. 2013, § 144 Rn. 2.

2. Die Anfechtungsrechte: § 119 Abs. 1, § 119 Abs. 2, § 120 BGB

Hat der Verkäufer nach § 119 Abs. 1, § 119 Abs. 2 oder § 120 BGB die Möglichkeit, den Kaufvertrag und/oder die dingliche Einigung anzufechten, dann entsteht kein Anwartschaftsrecht. Anders als bei der Anfechtungsmöglichkeit des Verkäufers nach § 123 BGB ist es bei den angesprochenen Anfechtungsrechten gerechtfertigt, eine Fiktion des Anwartschaftsrechts zu bejahen für den Zeitraum zwischen der Anfechtungsmöglichkeit und der Anfechtungsausübung (dann Erlöschen des Anwartschaftsrechts) oder dem Ausschluss des Anfechtungsrechts nach § 121 Abs. 1 BGB, nach § 144 BGB oder nach § 121 Abs. 2 BGB (dann Entstehung des Anwartschaftsrechts). Der zur Anfechtung berechtigende Irrtum des Verkäufers darf nicht zulasten des redlichen Käufers gehen. Die Annahme des Käufers, weder der Vorbehaltskaufvertrag noch die bedingte Übereignung seien anfechtbar, verdient rechtlichen Schutz, weil sie häufig die Grundlage weiterer Dispositionen sein wird.

H. Zusammenfassung der wichtigsten Ergebnisse

1. Erwirbt der Käufer vom Verkäufer die Sache unter Eigentumsvorbehalt (§ 449 Abs. 1 BGB), dann erlangt er nicht nur eine bedingte Berechtigungsposition, sondern in aller Regel auch ein Anwartschaftsrecht. Das Anwartschaftsrecht entsteht kraft Gewohnheitsrechts.
2. Jede aufschiebend bedingte Verfügung über einen Gegenstand genießt zwar den Schutz der §§ 160 – 162 BGB, begründet aber nicht zwingend ein Anwartschaftsrecht. Deshalb kann es beim Eigentumsvorbehalt nach § 449 BGB dazu kommen, dass der Käufer bezogen auf den Eigentumserwerb zwar eine bedingte Berechtigungsposition hat, aber kein Anwartschaftsrecht. Das ist zum Beispiel der Fall, wenn die bedingte Übereignungseinigung ausnahmsweise widerruflich ist.
3. Die ‚gesicherte Rechtsposition' des Käufers gemäß der Anwartschaftsrechtsdefinition ist nicht nur für die Entstehung, sondern auch für den Fortbestand des Anwartschaftsrechts konstitutiv. Deshalb erlischt das Anwartschaftsrecht des Käufers entgegen der allgemeinen Auffassung bereits mit der Rücktrittsmöglichkeit des Verkäufers, also in aller Regel nach Ablauf der gesetzten Frist gemäß § 323 Abs. 1 BGB, und nicht erst mit der Rücktrittsausübung.
4. Die einhellige, aber nicht näher begründete Ansicht, das Anwartschaftsrecht gehe erst mit der Rücktrittsausübung des Verkäufers unter, ist ausgehend von der anerkannten Anwartschaftsrechtsdefinition nicht zu rechtfertigen. Das Ergebnis ist aber sachgerecht, weil die Rechtsfolgen des Fortfalls des Anwartschaftsrechts in der Schwebezeit nach Fristablauf weder mit den Bedürfnissen des Rechtsverkehrs noch mit der Interessenlage der Beteiligten vereinbar sind.
5. Das Ergebnis entspricht auch dem mutmaßlichen Willen des Gesetzgebers, nicht zuletzt wegen der Regelungsstruktur des § 449 Abs. 2 BGB. Der mutmaßliche Wille des Gesetzgebers ist mithilfe der juristischen Fiktion des Anwartschaftsrechts in der Schwebezeit umzusetzen. Es besteht keine Notwendigkeit, die Anwartschaftsrechtsdefinition zu modifizieren.
6. *De lege ferenda* könnte der Gesetzgeber die Rechtsanwendung dadurch erleichtern, dass er für die Schwebezeit nach Fristablauf zumindest eine Fiktion des Anwartschaftsrechts gesetzlich anordnet. Dazu müsste

er ‚nur‘ § 449 Abs. 2 BGB um einen zweiten Satz ergänzen, der den Inhalt haben könnte: Bis zum Rücktritt gilt das Anwartschaftsrecht des Käufers als fortbestehend.

Literaturverzeichnis

Hinweis: Soweit im Haupttext nicht die aktuellste Auflage eines Werkes herangezogen wird, ist dies dort vermerkt.

Arnauld, Andreas von: Rechtssicherheit: Perspektivische Annäherungen an eine 'idée directrice' des Rechts, 2006

Baur, Jürgen F.; Stürner, Rolf: Sachenrecht, 18. Auflage 2009

Beck´scher Online Kommentar-BGB: Herausgegeben von Heinz Georg Bamberger und Herbert Roth, 27. Edition (zitiert: BeckOK Bamberger/Roth/ *Bearbeiter*)

Bernhardt, Wolfgang: Lehrbuch des Patentrechts, 3. Auflage 1973

Bork, Reinhard: Allgemeiner Teil des Bürgerlichen Gesetzbuchs, 3. Auflage 2011

Brehm, Wolfgang; Berger, Christian: Sachenrecht, 2. Auflage 2006

Brox, Hans: Das Anwartschaftsrecht des Vorbehaltskäufers, in JuS 1984, 657

Bülow, Peter: Die isolierte Ausübung des Eigentumsvorbehalts nach § 449 BGB, in DB 2002, 2090 f.

Bülow, Peter: Kauf unter Eigentumsvorbehalt, Jura 1986, 169 ff.

Bülow, Peter: Recht der Kreditsicherheit: Sachen und Rechte, Personen, 7. Auflage 2007

Bydlinski, Peter: Der Rücktritt vom Vorbehaltskauf, in JZ 1986, 1028

Döring, Frank Markus: Schutz des Vorbehaltskäufers durch Anwendung des § 936 III BGB auf den gutgläubigen Zwischenerwerb?, in NJW 1996, 1443 ff.

Erman, Walter: Bürgerliches Gesetzbuch, Handkommentar mit AGG, EGBGB (Auszug), ErbbauRG, HausratsVO, LPartG, ProdHaftG, UklaG, VAHRG und WEG, herausgegeben von Harm Peter Westermann, Band I uns II, 13. Auflage 2011 (zitiert: Erman/*Bearbeiter*)

Esser, Josef: Wert und Bedeutung der Rechtsfiktion, 1940

Faust, Florian: Bürgerliches Gesetzbuch, Allgemeiner Teil, 3. Auflage 2013

Faust, Florian: Die Rechtslage nach Ablauf der Nachfrist, in Festschrift für Ulrich Huber zum siebzigsten Geburtstag, herausgegeben von Theodor Baums und Johannes Wertenbruch in Gemeinschaft mit Marcus Lutter und Karsten Schmidt, 2006, S. 239 ff.

Fikentscher, Wolfgang; Heinemann, Andreas: Schuldrecht, 10. Auflage 2006

Finn, Markus: Kann der Gläubiger die (Nach-)Erfüllung zwischen Fristablauf und Schadensersatzverlangen zurückweisen?, in ZGS 2004, 32 ff.

Flume, Werner: Die Rechtsstellung des Vorbehaltskäufers, in AcP 161 (1962), 385 ff.

Forkel, Hans: Grundfragen der Lehre vom privatrechtlichen Anwartschaftsrecht, 1962

Füller, Jens Thomas: Eigenständiges Sachenrecht?, 2006

Georgiades, Apostolos: Die Eigentumsanwartschaft beim Vorbehaltskauf – Zur Theorie der dinglichen Anwartschaften, 1963

Gernhuber, Joachim: Freiheit und Bindung des Vorbehaltskäufers nach Übertragung seines Anwartschaftsrechts, in: Festschrift für Fritz Baur, herausgegeben von Wolfgang Grunsky, Rolf Stürner (u.a.), 1981, 31 ff.

Gursky, Karl-Heinz: Buchrezension Eric Minthe, Die Übertragung des Anwartschaftsrechts durch einen Nichtberechtigten, 1998, in AcP 199 (1999), 373 ff.

Gursky, Karl-Heinz: Schuldrecht Besonderer Teil, 5. Auflage 2005

Habersack, Mathias: Das Anwartschaftsrecht des Auflassungsempfängers – gesicherter Bestand des Zivilrechts oder überflüssiges Konstrukt der Wissenschaft?, in JuS 2000, 1145 ff.

Habersack, Mathias: Sachenrecht, 7. Auflage 2012

Habersack, Mathias; Schürnbrand, Jan: Der Eigentumsvorbehalt nach der Schuldrechtsreform, in JuS 2002, 833 ff.

Hackl, Karl: Vom „quasi" im römischen zum „als ob" im modernen Recht, in Rechtsgeschichte und Privatrechtsdogmatik, herausgegeben von Zimmermann (u.a.), 1999, 117 ff.

Hanau, Hans: Der Schuldner in der Hand des Gläubigers? Beendigung der Schwebelage nach Ablauf einer gem. § 323 BGB gesetzten Frist, NJW 2007, S. 2806 ff.

Historisch-kritischer Kommentar zum BGB: Band I: Allgemeiner Teil §§ 1-240, herausgegeben von Mathias Schmoeckel, Joachim Rückert, Reinhard Zimmermann, 2003 (zitiert: HKK/*Bearbeiter*)

Hofmann, Franz: Immaterialgüterrechtliche Anwartschaftsrechte, 2009

Honsell, Heinrich: Aktuelle Probleme des Eigentumsvorbehalts, in JuS 1981, 705 ff.

Jachmann, Monika: Die Fiktion im öffentlichen Recht, 1998

Jacobs, Matthias: Erfüllungsverlangen und Erfüllbarkeit nach Ablauf der Nachfrist, in Festschrift für Hansjörg Otto zum 70. Geburtstag am 23. Mai 2008, herausgegeben von Rüdiger Krause und Roland Schwarze, S. 137 ff. (zitiert: *Jacobs*, FS für Otto)

Jauernig, Othmar: Kommentar zum Bürgerlichen Gesetzbuch, 14. Auflage 2011 (zitiert: Jauernig/*Bearbeiter*)

JurisPraxiskommentar: Kommentar zum Bürgerlichen Gesetzbuch, Band III -Sachenrecht, Gesamtwerk herausgegeben von Maximilian Herberger; Michael Martinek u.a., Band III herausgegeben von Michael Martinek, 6. Auflage 2012, (zitiert: *Bearbeiter* in: jurisPK-BGB)

Kaufmann, Arthur: Analogie und „Natur der Sache", 2. Auflage 1982

Kelsen, Hans: Zur Theorie der juristischen Fiktionen, in: Annalen der Philosophie, Mit besonderer Rücksicht auf die Probleme der Als-Ob-Betrachtung, Band I, 1919, 630 ff.

Krebs, Peter; Becker, Maximilian: Entstehung und Abänderbarkeit von Gewohnheitsrecht, in JuS 2013, 97 ff.

Lange, Hermann: Eigentumsvorbehalt und Herausgabeanspruch des Vorbehaltsverkäufers, in JuS 1971, 511 ff.

Larenz, Karl: Methodenlehre der Rechtswissenschaft, 6. Auflage 1991; (zitiert: *Larenz*, Methodenlehre)

Larenz, Karl; Canaris, Claus-Wilhelm: Methodenlehre der Rechtswissenschaft, 3. Auflage 1995

Larenz, Karl; Wolf, Manfred: Allgemeiner Teil des Bürgerlichen Rechts, 9. Auflage 2004

Leenen, Detlef: BGB Allgemeiner Teil: Rechtsgeschäftslehre, 2011

Leible, Stefan; Sosnitza, Olaf: Grundfälle zum Recht des Eigentumsvorbehalts, in JuS 2001, 341

Liebs, Rüdiger: Die unbeschränkbare Verfügungsbefugnis, in AcP 175 (1975), 1 ff.

Looschelders, Dirk: Schuldrecht Besonderer Teil, 7. Auflage 2012

Looschelders, Dirk; Roth, Wolfgang: Juristische Methodik im Prozess der Rechtsanwendung – Zugleich ein Beitrag zu den verfassungsrechtlichen Grundlagen von Gesetzesauslegung und Rechtsfortbildung, 1996

Lorenz, Stephan: Grundwissen Zivilrecht: Der Eigentumsvorbehalt, in JuS 2011, 199 ff.

Lüke, Wolfgang: Sachenrecht, 2. Auflage 2010

Lux, Jochen: Das Anwartschaftsrecht bei bedingter Übereignung – bloßes Sprachkürzel oder eigenständiges absolutes Recht, in Jura 2004, 145 ff.

Lux, Jochen: Das Anwartschaftsrecht des bedingt Berechtigten in Einzelzwangsvollstreckung und Insolvenz, MDR 2008, 895 ff.

Marotzke, Wolfgang: Das Anwartschaftsrecht – ein Beispiel sinnvoller Rechtsfortbildung? Zugleich ein Beitrag zum Recht der Verfügungen., 1977

Marotzke, Wolfgang: Die Aufhebung grundpfandrechtsbelasteter Eigentumsanwartschaften, in AcP 186 (1986), 490 ff.

Meder, Stephan; Czelk, Andrea: Grundwissen Sachenrecht, 2. Auflage 2008

Medicus, Dieter, Petersen, Jens: Bürgerliches Recht: Eine nach Anspruchsgrundlagen geordnete Darstellung zur Examensvorbereitung, 23. Auflage 2011

Medicus, Dieter; Lorenz, Stephan: Schuldrecht II, Besonderer Teil, 16. Auflage 2012

Minthe, Eric: Die Übertragung des Anwartschaftsrechts durch einen Nichtberechtigten, 1998

Motive: Motive zu dem Entwurfe eines bürgerlichen Gesetzbuches für das Deutsche Reich, Band I, Allgemeiner Teil, 2. Auflage 1896 (zitiert: Motive I)

Mugdan, Benno: Die gesammten Materialien zum BGB für das Deutsche Reich, Band I, 1899 (zitiert: Mugdan I)

Mülbert, Peter O.: Das inexistente Anwartschaftsrecht und seine Alternativen, in AcP 202 (2002), 912 ff.

Münchener Kommentar: Kommentar zum Bürgerlichen Gesetzbuch, herausgegeben von Kurt Rebmann, Franz Jürgen Säcker und Roland Rixecker:
Band 1: Allgemeiner Teil, 1. Halbband, §§ 1 – 240, 6. Auflage 2012;
Band 2: Recht der Schuldverhältnisse, §§ 241 – 432; 6. Auflage 2012;
Band 3: Schuldrecht – Besonderer Teil I, §§ 433 – 610, 6. Auflage 2012;
Band 5: Schuldrecht – Besonderer Teil III, §§ 705 – 853, 6. Auflage 2013;
Band 5: Sachenrecht, §§ 854-1296, 6. Auflage 2013
(zitiert: MünchKomm-*Bearbeiter*)

Neuner, Jörg: Sachenrecht, 3. Auflage 2008

Nomos Kommentar: Bürgerliches Gesetzbuch, herausgegeben von Barbara Dauner-Lieb, Thomas Heidel, Gerhard Ring, Band 1, Allgemeiner Teil, 2. Auflage 2012, Band 2, Schuldrecht, 2. Auflage 2012, Band 3, Sachenrecht, 3. Auflage 2013 (zitiert: NK-BGB/*Bearbeiter*)

Oetker, Hartmut; Maultzsch, Felix: Vertragliche Schuldverhältnisse, 4. Auflage 2013

Palandt, Otto: Bürgerliches Gesetzbuch, 72. Auflage 2013 (zitiert: Palandt/*Bearbeiter*)

Petersen, Jens: Examinatorium Allgemeiner Teil des BGB und Handelsrecht, 2013

Protokolle: Protokolle der Kommission für die zweite Lesung des Entwurfs des Bürgerlichen Gesetzbuchs, Band I, 1897 (zitiert: Protokolle I)

Prütting, Hanns: Sachenrecht, 34. Auflage 2010

Prütting, Hanns; Wegen, Gerhard; Weinrich, Gerd: BGB Kommentar, 5. Auflage 2010 (zitiert: Prütting/Wegen/Weinrich/*Bearbeiter*)

Raiser, Ludwig: Dingliche Anwartschaften, 1961

Reinicke, Dietrich; Tiedtke, Klaus: Das Anwartschaftsrecht des Auflassungsempfängers und die Formbedürftigkeit der Aufhebung eines Grundstückskaufvertrages, in NJW 1982, 2281 ff.

Rinke, Marion: Die Kausalabhängigkeit des Anwartschaftsrechts aus Eigentumsvorbehalt, 1998

Rüthers, Bernd; Fischer, Christian; Birk, Axel: Rechtstheorie mit Juristischer Methodenlehre, 6. Auflage 2011

Samhat, Abbas: Die Abgrenzung der Wahlschuld von der elektiven Konkurrenz nach dem BGB, 2012

Schellhammer, Kurt: Sachenrecht nach Anspruchsgrundlagen samt Wohnungseigentums- und Grundbuchrecht, 3. Auflage 2009

Schlechtriem, Peter: Schuldrecht Besonderer Teil, 6. Auflage 2003

Schmidt-Recla, Adrian: Grundstrukturen und Anfänge des Eigentumsvorbehalts – insbesondere des Anwartschaftsrechts, in JuS 2002, 759 ff.

Schreiber, Klaus: Anwartschaftsrechte, in Jura 2001, 623 ff.

Schreiber, Klaus: Sachenrecht, 5. Auflage 2008

Schwab, Martin: AGB Recht, 2008

Schwab, Martin: Schadensersatzverlangen und Ablehnungsandrohung nach der Schuldrechtsreform, in JR 2003, S. 133 ff.

Schwerdtner, Peter: Anwartschaftsrechte, in Jura 1980, 661 ff.

Serick, Rolf: Causa und Anwartschaft, in AcP 166 (1966), 129 ff.

Serick, Rolf: Eigentumsvorbehalt und Sicherungsübereignung, Band I, Der einfache Eigentumsvorbehalt, 1963

Soergel, Hans Theodor: Kommentar zum Bürgerlichen Gesetzbuch – mit Einführungsgesetz und Nebengesetzen, Band 14, Sachenrecht 1, §§ 854-984, 13. Aufl. 2002 (zitiert: Soergel/*Bearbeiter*)

Staudinger, Julius von: Kommentar zum Bürgerlichen Gesetzbuch mit Einführungsgesetz und Nebengesetzen:
1. Buch: Allgemeiner Teil 4b, §§ 139–163, Neubearbeitung 2010;
2. Buch: Recht der Schuldverhältnisse: Leistungsstörungsrecht I (§§ 255 – 304), Bearbeitung 2009; Kaufrecht (§§ 433 – 487), Bearbeitung 2004;
3. Buch: Sachenrecht (§§ 925 – 984), Eigentum 2, Bearbeitung 2011
(zitiert: Staudinger/*Bearbeiter*)

Vieweg, Klaus; Werner Almuth: Sachenrecht, 4. Auflage 2010

Weber, Ralph: Sachenrecht I, Bewegliche Sachen, 3. Auflage 2013

Westermann, Harm Peter; Gursky, Karl-Heinz; Eickmann, Dieter: Sachenrecht, 8. Auflage 2011

Wieling, Hans Josef: Sachenrecht, 5. Auflage 2006

Wilhelm, Jan: Sachenrecht, 4. Auflage 2010

Wolf, Manfred; Neuner, Jörg: Allgemeiner Teil des Bürgerlichen Rechts, 10. Auflage 2012

Wolf, Manfred; Wellenhofer, Marina: Sachenrecht, 27. Auflage 2012

Zeranski, Dirk: Eigentümer und Vorbehaltskäufer im Widerstreit um die Vorbehaltsware, in AcP 203 (2003), 693 ff.

Stichwortverzeichnis

Zeitfracht Medien GmbH
Ferdinand-Jühlke-Straße 7
99095 Erfurt, Deutschland
produktsicherheit@kolibri360.de